上海2050战略愿景

**上海市人民政府
发展研究中心系列报告**

**面向未来30年的
上海发展战略研究**

(07)

The Development Research Center of
Shanghai Municipal People's Government

上海市人民政府发展研究中心 ◎ 编

SHANGHAI 2050 STRATEGIC VISIONS

格致出版社　上海人民出版社

总　序

　　《面向未来30年的上海发展战略研究》系列丛书，是上海市人民政府发展研究中心牵头组织开展的上海城市战略研究系列重大成果。"面向未来30年的上海"发展战略研究是改革开放以来上海第三次大规模开展的城市战略研究。20世纪80年代，上海开展了"上海经济发展战略研究"，提出了建设"多功能经济中心城市"的发展目标和战略定位，为上海城市发展方向作出了战略指引；90年代，上海开展了"迈向21世纪的上海发展战略研究"，提出了建设"国际金融、贸易和航运中心以及国际经济中心城市"的发展导向，该战略研究为上海"四个中心"战略目标的确定奠定了重要基础。实践表明，战略研究对上海城市发展强化愿景目标指引、探寻发展路径、制定发展策略发挥了重要作用。再过五年，到2020年上海将基本建成国际经济、金融、贸易、航运中心和社会主义现代化国际大都市。2020年以后上海的城市性质和愿景目标如何深化提升，这是摆在我们面前的重大战略性和历史性课题。

　　站在新的历史起点，在未来全球经济、科技革命和社会转型的巨大变革中，为了在不确定中寻求一个相对确定的未来，2013年底上海市委市政府决定开展"面向未来30年的上海"发展战略研究，明确由上海市人民政府发展研究中心牵头组织，采取多层次、多视角、开放式的研究方法，广泛动员上海社会各界的研究力量，并邀请世界银行、国务院发展研究中心等国内外知名智库共同参与。战略研究由93个研究团队从战略环境、战略资源、战略驱动力、战略愿景、战略框架等方面系统开展，先后举办了三次国际性的全球城市论坛、多次国际智库峰会以及数十次高层专家研讨会，集思广益、群策群力，最终形成了系列研究成果。

　　"面向未来30年的上海"发展战略研究，是在新的发展阶段开展的重大战略研究，研究紧扣我国"第二个百年"实现中国梦的宏伟目标，提出了上海在全球发展大势中、在服务国家战略大局中的战略使命与历史责任，呈现了现实与未来的对接，传承与创新的融合，具有重要历史意义。"面向未来 30 年的上海"发展战略研究，在充分论证并达成广泛共识基础上所提出的"卓越的全球城市"愿景目标，是这一战略研究最大的实践贡献。研究提出的愿景目标、城市性质、战略路径等必将指引上海城市未来发展，具有重大历史价值和实践价值。"面向未来 30 年的上海"发展战略研究，从城市发展理论、全球城市理论的视角，结合上海城市发展实践，开拓性提出了发展中国家特大型城市迈向一流的全球城市的理论架构和案例样本，进一步丰富和完善了全球城市理论，具有重要理论价值和学术价值。

本套丛书作为"面向未来 30 年的上海"发展战略研究的系统成果，是全面展示上海未来发展愿景、策略及行动的报告集，也是深入研究全球城市理论及实践的思想库。

肖林　博士

上海市人民政府发展研究中心主任、研究员

2016 年 12 月

前　言

　　2050 年是中国建成富强民主文明和谐的社会主义现代化国家，实现中华民族伟大复兴"中国梦"的重要时间节点。回首过去，新千年以来的世界经济政治格局发生了重大变化，中国的世界经济地位快速上升，上海城市发展取得了举世瞩目的成就。展望未来，30 年后的世界和中国可能比过去 30 年变化更快、更大。因此，正确判断未来 30 年国际国内经济社会发展大势，积极把握城市发展中"变"与"不变"的因素，力争在不确定中谋划一个相对确定的未来，对于未来 30 年上海更好地推动创新转型发展，促使城市发展跨上新台阶具有重大战略意义。开展面向未来 30 年的上海城市发展战略研究，将有助于准确把握影响上海城市发展的外部环境变化趋势，充分认识上海在中国成为全球主要角色以及世界政治经济大格局中的地位作用；有助于更加自觉自信地发挥上海在促进中国改革开放深化、走创新发展道路方面的引领示范作用，在贯彻国家战略中实现自身发展；有助于形成对上海远景未来较为清晰的发展框架，增强社会共识和城市凝聚力，确保重大举措及政策实施的连续性和综合性；有助于向世界传递一个上海对未来充满活力和自信的强有力信息，展现和提升上海城市软实力，扩大全球影响力。

　　从 2013 年底开始，上海市委市政府决定，由上海市人民政府发展研究中心牵头组织国内外力量，开展"面向未来 30 年的上海"发展战略研究。上海市人民政府发展研究中心通过面向全社会公开招投标、竞争性淘汰等方式，遴选了包括上海、北京、江浙和香港地区在内的 81 个知名院校和研究机构的研究团队，承担了战略环境、战略资源、战略驱动力、愿景目标、战略框架等五大系列 43 项专题研究。时至今日，各项专题研究成果俱已完成验收，各研究团队围绕未来 30 年上海发展将可能面临的大趋势、大挑战开展了深入研究和探讨，勾勒了上海未来建设全球城市的愿景框架，并为此献计献策，提供了诸多富有建设性和创新性的真知灼见。今天呈现在读者面前的《上海 2050：战略环境》《上海 2050：

战略资源》《上海 2050：战略驱动力》《上海 2050：战略愿景》《上海 2050：战略框架》正是这些丰硕研究成果的总结汇集，凝聚了 81 个研究团队的智慧，反映了各位专家学者对上海未来 30 年中长期发展的真知灼见，为进一步研究上海全球城市发展和制定上海城市未来发展战略开阔思路、提供借鉴。

　　当前，上海已经步入了继往开来、转型发展的崭新时期。在新的历史方位中，上海将围绕"两个百年"的战略目标，担负起实现中华民族伟大复兴中国梦、引领中国经济升级版的责任和使命。新时代的上海，应当立足城市发展的历史积淀和特殊基因，顺应城市发展的时代潮流和创新理念，科学谋划上海未来30 年的发展方向和发展战略，迎接一个令人向往、更加美好的明天。

目 录

远景展望篇

愿景目标篇

远景展望篇

1

上海城市发展远景展望与评价指标体系研究

上海同济城市规划设计研究院课题组 *

1.1 全球城市发展趋势与指标体系

对于全球城市的认识，国际上目前有两种代表性的观点，一种观点把全球城市发展与城市竞争力联系在一起，认为城市竞争力的提高是促进全球城市发展的内在动力。另一种观点把全球城市发展与提高国际化程度联系在一起，强调城市外部联系与流动，认为全球城市的战略重要性是由它的连通性来体现的。前一种观点代表了工业化时期传统全球城市发展模式，后一种观点更多顺应了全球化和信息化要求，体现了新型全球城市的发展模式。

迈向全球城市离不开提升城市竞争力，特别是对于后起的城市，提升城市竞争力是其迈向全球城市的重要基础。但随着全球化进程持续深入推进，强调城市关联网络的节点功能及其全球资源配置能力越来越受到重视。

1.1.1 全球城市相关研究回顾和最新研究动态

随着经济全球化的深入推进，跨国公司主导下，国际劳动分工发生显著变化，国际著名学者弗里德曼（Friedmann, 1982, 1986, 1995）提出"世界城市假说"（world city hypothesis），将世界体系、国际劳动分工、城市化和经济全球化的概念结合起来，解释世界城市形成的动力机制，阐述了世界城市具有全球经济体系的连接点、全球资本的汇聚地等五大功能特征，在重视城市规模的基

---

* 课题负责人：王颖；课题组成员：潘鑫、刘学良、封海波、郁海文、王婷、但波。

础上，进一步加强调城市对世界经济的指挥和控制功能。上世纪 90 年代，美国城市与社会学者沙森（Sassen，1991，1995，2001）将世界经济一体化和全球城市化结合起来，通过对全球城市网络格局的研究，首次提出了"全球城市"概念，她认为全球城市不仅是全球性协调的节点，更是全球性生产控制中心，是专业化服务的供给基地和金融创新产品和市场的生产基地，由此她提出全球城市的四大功能，即世界经济组织高度集中的控制点、金融机构和专业服务公司的主要集聚地、高新技术产业的生产和研发基地、产品及其创新活动的市场。周振华（2008，2012）将全球城市网络、卡斯特尔斯的全球流动空间理论和崛起中的全球城市结合起来，提出全球城市是"在经济、文化资本及创新方面最有实力的，并通过全球城市网络中的广泛联系而体现在全球经济活动中举足轻重的战略地位，在全球经济协调与组织中扮演超越国家界限的关键角色，成为全球资源要素大规模流动及其配置的基本节点城市"，他总结了全球城市五大功能特征，即：（1）全球经济体系的连接点，高度集中化的世界经济协调与组织中心；（2）公司总部、金融及专业服务公司等功能性机构的主要所在地，全球资本、信息、商务服务、高端专业人才等要素的汇聚地和流动地；（3）引领全球创新思想、创意行为、创业模式的主要策源地；（4）经济与社会、文化的互动程度非常高，能创造更多工作机会和更加富裕的程度；（5）融入全球城市区域中的核心城市。周振华的研究从中国实际出发，为中国尤其是上海全球城市建设提供了重要思路。

1.1.2　全球城市指标体系研究进展及变化趋势

1. 全球城市指标体系研究进展

依据全球城市判别要素的选取范围，大致可划分为单项指标判别法和综合指标判别法。

（1）单项指标判别法。

早期，单项指标判别法从某一核心维度评价城市发展程度，划分城市层级系统，包括跨国公司（Hall，1966；Taylor，et al.，2002）、经济控制能力

（Friedmann，1986）、航空联系（Smith and Timberlake，2001）等。其中，基于跨国公司的研究影响力最为深远，此类研究认为拥有跨国公司总部层级越高、数量越多的城市其管理与控制能力越强，从而在世界城市等级体系中具有较高的地位。

在卡斯特尔斯全球流动空间理论基础上，英国拉夫堡大学世界城市研究小组（Globalization and World City，GaWC），建立了连锁网络模型（interlocking network model），定量分析了世界城市网络体系，开辟了世界城市网络定量研究的新领域。其根据 175 家顶级的生产性服务业跨国企业，包括会计（25）、金融（75）、广告（25）、法律（25）与管理咨询（25）企业总部与分支机构在世界526 个重要城市的分布情形进行分析，建立城市与企业的服务价值"矩阵"，计算网络关联值，将世界城市体系划分为 Alpha 级、Beta 级、Gamma 级 3 个级别（此外还有 high sufficiency、sufficiency 两个级别）及 10 个副级别，并先后 5 次发布了世界城市排名。

在交通联系方面，史密斯等（2001）选取全球约 100 个主要城市在1977—1997 年间几个年度国际航班与部分国内航班乘客数，利用 Burt and Schott's STRUCTURE network analysis software 进行分析得到各个城市网络特征值，并以此为基础推测重构了世界城市等级体系在 20 年间的变化。总体而言，单项指标判别法从某一核心维度评价城市发展程度，划分城市层级系统，简便易操作，但也存在明显不足，难以反映全球城市等级体系的完整网络图谱。

（2）综合指标判别法。

进入 21 世纪以后，基于全球城市内涵越来越丰富，为了全面反映全球城市的特征，大量学者与研究机构采用构建综合性的指标体系来判别全球城市，比较有代表性的综合指标判别方法包括万事达卡全球商业中心指数（Worldwide Centers of Commerce Index，WCoC 指数）、日本森纪念财团（MMF）发布的"全球城市实力指数"（Global Power City Index，GPCI）、科尔尼的全球城市指数（Kearney Global Cities Index，GCI）等。

表 1.1 全球城市综合判别指标比较

	发布年份	研究维度	指标数量（个）	研究城市数量（个）
WCoC 指数	2007、2008	法律与政治框架、经济稳定性、经营的容易程度、金融流动、商务中心、知识创造力与信息流动、宜居性7个维度	43	75
GCI	2014	经济活动、人力资本、信息交流、政策参与、文化体验5个维度	20	84
GPCI	2014	经济、研发、文化、宜居、环境、可达性6个维度	70	40

注：由于各综合判别指标不同年份采用的指标数量和研究城市数量不尽相同，表中列出的为最新发布的成果汇总。
资料来源：根据 WCoC 指数、GCI、GPCI 报告整理。

为了评价大城市在连接全球市场和商务活动的关键功能，由世界八位专家（Peter、Taylor、Sassen、Bhaskaran、Goldberg、Lever、Levi、Pellegrini、樊纲）组成的专家组构建了万事达卡全球商业中心指数（WCoC 指数），该指数包括法律与政治框架、经济稳定性、经营的容易程度、宜居性、金融流动、商业中心与知识创造力与信息流动7个维度，43个指标，72个次指标，并于2007和2008年利用万事达卡全球商业中心数据分别对全球50和75座城市进行了评价。

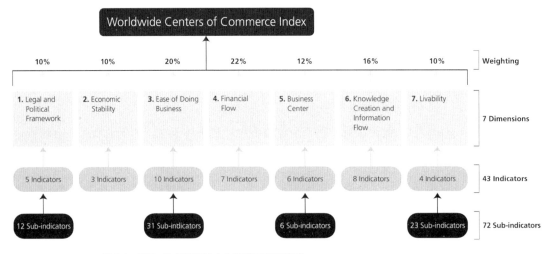

图 1.1 WCoC 全球商业中心指数层级和构成
资料来源：根据 WCoC 全球商业中心指数（2008）报告重绘。

日本森纪念财团（MMF）从 2008 年开始发布"全球城市实力指数"（Global Power City Index，GPCI）。该研究认为"全球城市"的综合实力表现为其对全球主要大公司和创新人才的吸引能力，并结合主观和客观视角，通过六大功能分类排序（包括经济、研发、文化、宜居、环境、进入成本等 70 个指标）与五大人群分类排序（精英经理人、研发人员、艺术家、旅行者 4 类"全球人群"和 1 类"本地人群"），对全球 40 个主要城市展开调查，建立评价矩阵，最终得出全球城市排序。

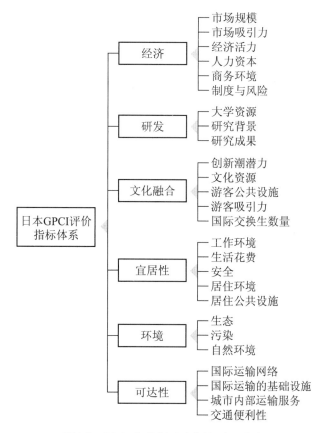

图 1.2　GPCI 全球城市实力指数层级和构成

资料来源：根据 GPCI 全球城市实力指数报告重绘。

科尔尼"全球城市指数"由科尔尼、芝加哥全球事务委员会以及《外交政策》杂志共同研究并发布，对商业活动、人文资本、信息交流、文化体验和政治参与等五个不同权重的维度打分（0—10 分），加总得到来自 40 个国家的 60 个城市的进行综合排名，从而体现这些城市如何在全球范围内推进一体化并扩展其影响力。

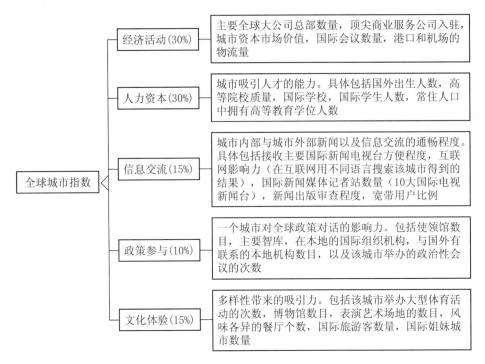

图 1.3 科尔尼"全球化城市指数"层级和构成

资料来源：根据"全球化城市指数"报告整理。

2. 全球城市指标体系研究的变化趋势

从反映城市内部组织构造的个体判别指标向全球城市网络中的城际联系判别指标转变。前者如霍尔关于世界城市的六项识别性要素，弗里德曼概括的衡量世界城市的七项标准，沙森的全球顶级生产性服务业识别标准等；后者如 GaWC 研究小组从顶级生产性服务业跨国公司角度测度各城市世界城市网络体系中的联系程度；史密斯等利用航空网络数据来测度全球城市之间联系的强弱程度。随着各城市间人口、资本、产业、信息等网络联系数据逐步透明化，基于不同城际联系的指标研究将更为全面地反映全球城市整体面貌。

从关注全球城市经济实力指标向城市创新指标转变。在霍尔和弗里德曼对全球城市的早期研究中，尤为关注城市在全球中的经济能级，如霍尔认为世界城市是"国家的贸易中心、主要银行的所在地和国家金融中心",弗里德曼提出的"世界主要的金融中心、跨国公司总部集聚地"等。但随着全球化的深化,创新型经济在全球兴起,创新与城市功能发展的耦合互动愈发紧密,全球城市竞争力与城市创新能力高度正相关。布鲁金斯学会甚至认为在知识驱动全球发展的背景下,国家、城市和企业必须通过新思想、新方法、新产品和新技术的持续创新才能实现在全球经济中的成长。从 GaWC 网络关联度与 2Thinknow 全球城市创新能力排名来看,网络联系度处于顶端的伦敦与纽约,其创新能力也位居前列。

表1.2 GaWC 与 2ThinkNow 排名比较

城 市	GaWC 排名		2Thinknow 创新城市排名	
	2010	2012	2012	2014
伦 敦	1	1	7	2
纽 约	2	2	2	3
香 港	3	3	14	20
巴 黎	4	4	5	5
新加坡	5	5	30	27
上 海	7	6	29	35
东 京	6	7	25	15
北 京	12	8	53	50
旧金山	27	28	4	1
波士顿	36	39	1	4
洛杉矶	17	18	12	14
芝加哥	8	11	26	21

资料来源:http://www.lboro.ac.uk/gawc/index.html;http://www.innovation-cities.com/。

1.2 全球城市功能特征

全球城市建设呈现四大功能特征,即全球主要金融商务集聚地、全球网络平台及流量配置枢纽、全球科技创新中心、诱人的全球声誉。

表 1.3　国际知名学者和研究机构全球城市功能特征总结

	"世界城市 / 全球城市"功能特征概况		"世界城市 / 全球城市"功能特征概况
Hall（1966）	1. 政治权力中心 2. 商业中心 3. 各类人才聚集的中心 4. 信息汇集和传播的中心 5. 巨大的人口中心，集中相当比例的富裕阶层人口 6. 娱乐业成为主要产业部门	Friedmann（1982, 1995）	1. 主要的金融中心 2. 跨国公司总部所在地 3. 国际性机构的集中地 4. 商业部门（第三产业）高度增长 5. 重要的制造业中心（具有国际意义的加工工业等） 6. 主要交通枢纽（尤其港口与国际航空港） 7. 人口规模 8. 人口迁移目的地
Sassen（1991, 2001）	1. 银行业中心 2. 国际贸易中心 3. 世界经济组织高度集中的控制点 4. 金融机构与专业服务公司的主要集聚地，其已经代替了制造业部门而成为主导经济部门 5. 高新技术产业的生产与研发基地 6. 作为一个产品及创新活动的市场	周振华（2012）	1. 全球经济体系的连接点，高度集中化的世界经济协调与组织中心 2. 公司总部、金融及专业服务公司等功能性机构的主要所在地，全球资本、信息、商务服务、高端专业人才等要素的汇聚地和流动地 3. 引领全球创新思想、创意行为、创业模式的主要策源地 4. 经济与社会、文化的互动程度非常高，能创造更多工作机会和更加富裕的程度 5. 融入全球城市区域中的核心城市
伦敦规划委员会	1. 基础设施 2. 国际贸易与投资带来的财富创造力 3. 服务于国际劳动力市场的就业与收入 4. 满足国际文化与社会需求的生活质量	布鲁金斯学会	1. 具有国际视野的领导层 2. 面向全球的传统优势 3. 面向全球的专长 4. 对全球变化的适应能力 5. 注重知识和创新的文化 6. 面向全球的机会与魅力 7. 国际连结程度与方便性 8. 保证战略重点投资的能力 9. 帮助城市走向全球的政府 10. 诱人的全球声誉

1.2.1　功能特征一：全球主要金融商务集聚地

大量学者认为全球 / 世界城市是全球金融商务的集聚地，是全球资本管理控制中心。霍尔（Hall, 1966）认为世界城市是国家贸易中心、主要银行所在地和国家的金融中心。弗里德曼（Friedmann, 1986）认为世界城市是主要金融中心、跨国公司总部所在地及商业部门高度增长的城市。沙森（Sassen，1991，2001）也提出全球城市是国际贸易中心、银行业中心、金融机构与专业化服务机构的集聚地。

从 WCoC 指数来看，在金融维度排名前几位的全球城市，尤其是纽约、伦敦、东京、香港、新加坡，其总排名也处于前几位，表明金融商务的发展水平对于全球城市至关重要（表 1.4）。

表 1.4　WCoC 指数总排名及金融商务子指标排名

城　　市	总　排　名	指标 4（金融维度）排名	指标 5（商务中心）排名
伦　敦	1	1	2
纽　约	2	2	8
东　京	3	6	6
新加坡	4	11	3
香　港	6	13	1
上　海	24	9	4

资料来源：2008 年万事达卡全球商务中心报告，Worldwide Centers of Commerce Index 2008。

从就业人数来看，伦敦、纽约、东京等全球主要城市金融保险房地产行业就业人数占比较高。2012 年伦敦金融保险业行业从业人员最多，达到了 390 078 人，占总就业人数的 7.62%（表 1.5）。

表 1.5　伦敦、纽约、东京金融保险房地产就业人员数及百分比（2012）

城　　市	金融保险房地产从业人员数（人）	占比（%）
伦　敦	390 078	7.62
纽　约	371 373	9.68
东　京	287 800	3.93

注：伦敦东京为金融保险就业人数，不包含房地产业。

资料来源：美国普查局网站 http://www.census.gov/、英国国家统计办公室 Office for National Statistics、东京统计年鉴 Tokyo Statistics Yearbook。

从外汇交易额占全球比重这一判断城市全球金融地位的重要指标来看，2013 年 4 月伦敦（40.9%）、纽约（18.9%）两座全球顶尖城市占据了全球日均外汇市场 60% 的日交易份额，其次是新加坡（5.7%）、东京（5.6%）、香港（4.1%）、苏黎世（3.2%）、巴黎（2.8%）、悉尼（2.7%）与阿姆斯特丹（1.7%），这一数据表明伦敦、纽约、新加坡、东京、中国香港等主要全球城市扮演着全球性或地区性金融中心的角色。

1.2.2 功能特征二：全球网络平台及流量配置枢纽

早期的学者更关注交通运输和信息传播，如霍尔（Hall, 1966）在《世界城市》一书中指出世界城市一般是接纳其他国家出口货物的巨大港口，并负责向国内各地分配进口货物，同时又是大型国际航空港所在地，并不可避免地成为集中和传播情报的地方，有时也是国际机构的所在地。弗里德曼（Friedmann, 1986）将跨国公司总部所在地和主要交通运输节点作为 7 条衡量世界城市标准中的 2 条，并指出世界城市是全球经济系统的中枢或组织节点，全球资本用来组织和协调其生产和市场的基点，是国际资本汇集的主要地点，是大量国内和国际移民的目的地。

全球城市目前仍然是世界重要的航空港、深水港、信息港，是全球人员、物资和信息汇集和传播的地方。伦敦拥有全球排名第二的最佳航空联络，在伦敦所属地区欧洲以外的国际大都市中，多达 89% 的城市每周至少有三个航班直飞伦敦。GaWC 小组对全球城市地位测度中排名靠前的几座城市附近均有大型机场（表 1.6）。

表 1.6　GaWC 排名与旅客吞吐量排名比较

城　市	GaWC 排名（2010）	附近大型机场	旅客吞吐量排名（2011）
伦　敦	1	希斯罗机场	3
纽　约	2	肯尼迪机场	17
香　港	3	中国香港国际机场	10
巴　黎	4	戴高乐机场	7
新加坡	5	樟宜机场	18
东　京	6	羽田机场	5

资料来源：拉夫堡大学 GaWC 团队网站 http://www.lboro.ac.uk/gawc/；国际机场理事会。

随着全球化进程的持续深入推进，全球网络格局将不断扩展并进入越来越多的领域，世界城市评价和等级划分更加关注世界城市体系中各城市间的相互联系和影响，全球网络平台的连通性及流量配置能力将越来越重要。英国拉夫堡大学地理系学者 Taylor 和 GaWC 小组（2001）提出世界城市网络的概念，认为世界城市是网络体系中的全球服务中心。沙森（2009）认为全球城市网络格局随着越来越多的公司寻求海外扩展，并同时进入越来越多的领域而发展壮大，全球城市实际成为全球化公司企业和市场及各国国民经济发展沟通的桥梁。

网络连通性强弱和流量配置力决定全球城市的地位和能级。全球城市通过广泛连通性和大规模资源要素流动及其配置功能，指挥和控制世界经济。在全球城市网络体系中，其联系性的强弱程度决定了不同城市的能级水平。中国香港、新加坡虽然总部指数低（表 1.7），但由于具备较高的全球连通性和大规模的经济流量，仍然拥有较强的全球影响力。与此相对的是，2012 年之前，东京的世界 500 强总部数量一直居全球第一，但跨国指数不高，即跨国公司海外投资占总投资的比重不高，在 GaWC 公布的世界城市网络分级中也只排在第 7 位，落后于中国香港和新加坡等亚太地区金融中心。

表 1.7　总部指数和网络指数排名比较（2008 年）

城　市	总部指数（福布斯）排名	网络指数（GaWC）排名
伦　敦	3	1
纽　约	2	2
香　港	16	3
巴　黎	4	4
新加坡	—	5
东　京	1	6
上　海	—	9
北　京	9	10

资料来源：福布斯全球企业 2 000 强 Forbes Global 2000：The World's Largest Companies；拉夫堡大学 GaWC 团队网站 http：//www.lboro.ac.uk/gawc/。

1.2.3　功能特征三：全球科技创新中心

科技创新是全球城市发展的灵魂和驱动力，国际学者和机构开始将科技创新作为全球城市的重大功能，并作为重要的评价维度。布鲁金斯学会（2013）认为在知识驱动全球发展的背景下，国家、城市和企业必须通过新思想、新方法、新产品和新技术的持续创新，才能实现在全球经济中的成长。随着创新型经济在全球兴起，科技创新与城市功能发展的耦合互动愈发紧密，全球城市竞争力与城市创新能力高度正相关，创新正成为城市功能的重要方面。通过对比 GaWC世界城市排名（2012）与 2thinknow 全球城市创新能力排名（2014），可以发现GaWC 排名中位于前 5 位的伦敦、纽约和巴黎在创新能力排名中也居于前 5 位（表 1.8）。

表 1.8 GaWC 排名与创新能力排名比较

城 市	GaWC 排名（2012）	2ThinkNow 排名（2014）
伦 敦	1	3
纽 约	2	2
香 港	3	20
巴 黎	4	5
新加坡	5	27
东 京	7	15

资料来源：拉夫堡大学 GaWC 团队网站 http：//www.lboro.ac.uk/gawc/；全球创新机构 2ThinkNow网站。

与此同时，国际上一些大城市纷纷加大了对科技创新的重视程度，希望从财富中心、资本中心转向创新中心。曾经以高度发达的贸易、航运、金融为特征的国际化大都市，如伦敦、东京、巴黎等都在快速转型为全球创新中心，纽约提出了"何时超越硅谷"之问，其新增高技术就业岗位已接近于硅谷，新加坡则要打造亚太创新中心。

1.2.4 功能特征四：诱人的全球声誉

布鲁金斯学会（2013）认为全球城市必须具有全球声誉与国际市场上的地位。科尔尼全球城市指数把"文化体验"作为五大考核维度之一。WCoC 指数把"宜居"作为七大考核维度之一。日本 GPCI 评价指标体系中的六大功能更将宜居、文化、环境三大要素全部包括在内。

城市的宜居水平、文化氛围、绿色发展状况逐步成为决定其全球声誉的关键因素，成为反映全球城市影响力的重要方面。新加坡 2011 版概念规划将城市发展目标从关注竞争力转为更关注宜居性，提出建设宜居城市来吸引人力资本。伦敦将建设"更宜居的城市"作为 2030 年规划的主题策略。城市文化成为全球城市发挥影响的内在力量，伦敦、纽约等全球城市均为国际文化大都市，富有特色的文化能够帮助全球城市扩大吸引力和影响力。例如，"巴黎时装周"已经成为巴黎的象征。纽约仅影剧院、音乐厅、歌剧院就有 400 多个，百老汇歌舞剧享誉世界，被称为"歌剧之都"。纽约拥有《时代》、《新闻周刊》、《财富》、《福布斯》等几百种国家级杂志出版社，美国三大广播网（NBC、ABC、CBS）的总部设在纽约，垄断了世界大部分地区 80%—90% 的新闻。伦敦是全球三个广告产业中心之一，也是全球最繁忙的电影制作中心之一，同时被称为"国际设计之都"。绿色发展成为全球城市的重要议题，环境从城市发展的约束力转变成为竞争力。"纽约 2030 战略规划"《更绿色、更美好的纽约》，对环境质量有特别的关注，提出"拥有全美大城市中最清洁的空气质量；提升水质，增加亲水休闲空间，修复海岸生态系统"等绿色发展目标。《东京构想 2000》提出了环境与健康、可持续发展的战略。2010 年 2 月，大伦敦提出《伦敦未来能源战略的实现——市长能源战略修正案》提出了三大战略目标：第一，在 2025 年实现二氧化碳减排 60%（相对于 1990 年排放量）；第二，建成高效、独立、安全的能源供应体系；第三，在 2025 年成为全球碳金融中心，成为引领低碳经济市场的世界城市之一。

1.3 上海全球城市建设现状评价及未来发展判断

1.3.1 对标城市和评价指标选取

1. 对标城市

伦敦、纽约是目前公认的全球城市，位于全球城市体系的顶端，通过与顶端城市的比较可以直观地了解到目前上海与全球城市顶端的差距以及今后努力的方向。就亚洲而言，新加坡、香港、东京是上海面临的主要竞争对手，只有清晰地了解这些亚洲城市的发展状况，才能科学地判断上海在亚洲城市中的地位与实际发展情况。

2. 评价指标选取

基于数据发布的权威性、连续性及多城市指标可获取性，本研究选取国际上定期发布，具有较大影响力的单项或综合评价指标体系，遵循"功能特征—典型评价指标"的思路与对标城市进行比较评价。选取的指标包括全球城市实力指数（GPCI）、全球化城市指数（GCI）、网络关联度指数（GaWC）、全球商业中心指数（WCoC）、全球金融中心指数（GFCI）、全球城市创新指数等。

表 1.9　选取评价指标比较

主要指标	发布单位	发布时间	具体层面	领衔专家
GPCI	日本森纪念财团	从 2008 年开始发布，每年发布一期	经济、研发、文化、宜居、环境、可达性	Takenaka、Hall、Sassen、Ichikawa、Bender 等
GCI	全球管理咨询公司科尔尼公司、芝加哥全球事务委员会以及《外交政策》杂志	从 2007 年开始发布，每年发布一期	经济活动、人力资本、信息交流、政策参与、文化体验	Hales、Peterson 等
网络关联度指数	英国拉夫堡大学世界城市研究小组	2000 年、2004 年、2008 年、2010 年、2012 年共发布五期	顶级生产性服务业	Taylor、Smith、Orimer 等
WCoC 指数	万事达卡	2007 年及 2008 年共发布两期	法律与政治框架、经济稳定性、经营的容易程度、金融流动、商务中心、宜居性、知识创造力与信息流动	樊纲、Bhaskaran、Goldberg、Lever、Levi、Pellegrini、Taylor、Sassen
GFCI 指数	伦敦金融城	2007 年 3 月开始发布，每年发布两期	人才、商业环境、市场发展程度、基础设施、总体竞争力	/
全球创新城市指数	2ThinkNow	2007 年开始，每年发布一期	文化资本、基础设施、网络市场	/

1.3.2　上海全球城市建设现状评价

1. 总体判断

就城市综合实力而言，2014 年，上海 GPCI 排名 15 位，GCI 排名 18 位，显示上海已经具备冲击全球顶端城市的基础与潜力。就全球网络联系程度而言，2012 年上海 GaWC 排名第 6 位，表明上海与其他全球城市功能联系十分密切，在全球城市网络中的节点作用较为明显。就金融中心建设而言，2008 年上海 WcoC 指数排名第 24 位，2014 年上海 GFCI 排名第 20 位，距离全球金融中心仍有一定差距。就全球创新城市建设而言，2014 年上海 2thinknow 全球创新城市指数位居第 35 位，创新能力明显滞后于伦敦、纽约等全球城市。

表 1.10　主要全球城市相关指数排名

评价测度方向	GPCI（2014）综合指数	GCI（2014）全球城市指数	GaWC（2012）网络关联度	WCoC（2008）全球商业中心指数	GFCI（2014）全球金融中心指数	2thinknow（2014）全球创新城市指数
伦　敦	1	2	1	1	2	3
纽　约	2	1	2	2	1	2
东　京	4	4	7	3	6	15
香　港	9	5	3	6	3	20
新加坡	5	9	5	4	4	27
上　海	15	18	6	24	20	35

资料来源：http://www.mori-m-foundation.or.jp/english/index.shtml；http://www.lboro.ac.uk/gawc/index.html；"Worldwide Centers of Commerce Index 2008"；"Global Financial Centres Index 16"；http://www.innovation-cities.com/。

2. 上海功能特征评价一：全球金融商务集聚地

根据伦敦金融城发布的全球金融中心指数（GFCI）7—16 系列报告，伦敦、纽约、香港及新加坡金融中心地位稳定，上海金融中心地位则呈现一定的波动。近几年，上海金融中心功能得到一定程度加强，但与香港、新加坡的差距依然存在（图 1.4）。

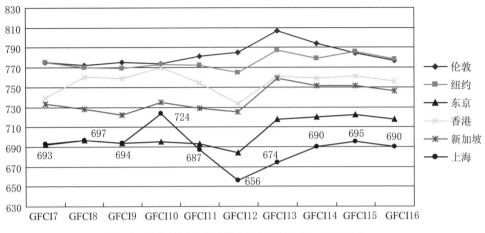

图 1.4　全球金融中心指数综合得分（GFCI7—GFCI16）

资料来源：根据 GFCI 系列报告整理。

上述判断可以从金融证券等顶级生产性服务业的相关数据得到进一步证实。上海证券交易所市场规模位居全球前列，但与世界大型证券交易所存在数倍差距。截至 2012 年末，上海证券交易所共有上市公司 954 家，市值达 2.5 万亿美元，全球占比为 4.5%；国内股票电子成交量 26 万亿美元，全球占比为 5.7%。

表 1.11　2012 年末世界主要交易所市值和融资情况比较

交易所名称	上市公司		股　票		ETFs	
	市值（百万美元）	占比（%）	交易量（百万美元）	占比（%）	交易价值（百万美元）	占比（%）
泛欧证交所（US）	14 089 544.12	25.06	12 383 095.91	26.68	3 189 816.39	43.66
纳斯达克—OMX	4 582 389.09	8.15	8 992 181.77	19.37	2 889 547.61	39.55
东京交易所集团	3 478 831.52	6.19	3 214 143.03	6.93	22 568.94	0.31
伦敦交易所集团	3 396 504.93	6.04	1 949 728.41	4.2	267 725.77	3.66
泛欧证交所（Eu）	2 832 188.53	5.04	1 604 912.33	3.46	94 954.52	1.3
中国香港证交所	2 831 945.86	5.04	1 076 727.57	2.32	67 357.34	0.92
上海证交所	2 547 203.79	4.53	2 629 663.47	5.67	48 578.54	0.66

资料来源：世界交易所联合会，World federation of exchanges。

但是，泛欧证交所（US）和纳斯达克-OMX的市值分别是上海证券交易所的5.5倍和1.8倍（表1.11）。2013年4月伦敦（40.9%）、纽约（18.9%）两座全球顶尖城市占据了全球日均外汇市场60%的日交易份额，与之相比，设立在上海的中国外汇交易中心当月日均交易额仅130亿美元，约为伦敦的0.05%，全球交易量的0.02%，上海的全球外汇市场影响力几乎可以忽略不计。

另据全球金融中心指数，东京、香港、新加坡与上海对亚洲金融中心地位的竞争很激烈，上海金融中心排名仍相对落后（表1.12），与全球金融中心还存在不小的差距。此外，上海金融保险房地产行业发展与全球城市相比还有一定差距。2012年，上海金融保险房地产从业人员比重为5.68%。与伦敦（9.87%）、纽约（9.68%）、新加坡（9.59%）相差大约4个百分点。目前，上海金融中心地位进一步提升已经遇到瓶颈，上海的金融中心服务功能仍局限于服务国内，还远没有成为亚洲乃至全球的融资和交易平台。

表1.12　全球金融中心指数排名

城　市	2013	2014
伦　敦	1	2
纽　约	2	1
东　京	6	6
香　港	3	3
新加坡	4	4
上　海	24	20

资料来源：全球金融中心指数报告GFCI 2013—2014。

3.上海功能特征评价二：全球网络平台及流量配置枢纽

上海的网络关联度日益提升，目前处于世界网络体系中的第二梯队。GaWC小组的研究显示，2000—2012年上海的网络关联度由第31位上升至第6位，排名提升较快，与其他城市间的联系日益密切。目前，纽约、伦敦在全球城市网络中处于第一梯队，上海网络关联度从2000年开始有较大提升，2008年以后增速有所放缓，与香港、新加坡、东京和北京的排名比较相近（图 1.5）。

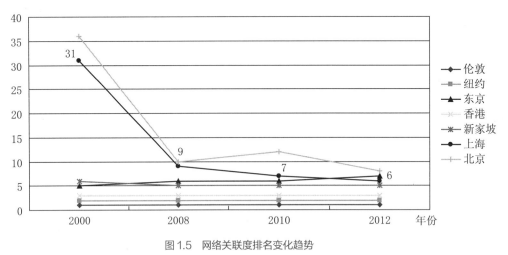

图 1.5 网络关联度排名变化趋势

资料来源：根据历年 GaWC 网络关联度排名整理。

全球城市通过跨国公司与其他城市和地区进行联系，目前上海跨国公司总部机构数量增加迅速，但与中国香港、新加坡比较，在总部数量上仍然存在着较大差距（表 1.13）。2012 年，跨国公司地区总部达 403 家，外商投资性公司达 265 家，外资研发中心 351 家，跨国公司总部机构总数达到了 1 019 家，正式迈入"千时代"。

表 1.13 上海、香港、新加坡跨国公司地区总部数量比较

年份	上　　海		香　　港		新加坡
	跨国公司地区总部	外资总部经济项目总数	驻港地区总部数目	驻港地区办事处数目	
2003	56	252	966	2 241	
2005	124	424	1 167	2 631	2007 年约 4 200 家跨国公司在新加坡设立了地区总部
2007	184	573	1 246	2 644	
2009	260	755	1 252	2 328	
2011	353	927	1 340	2 412	

资料来源：彭羽、沈玉良（2012）。

此外，上海跨国公司企业总部多为地区总部，影响力巨大的全球总部数量偏少。2014年上海世界500强企业总部数量仅有8家，低于东京的43家，纽约的18家，伦敦的17家，更低于北京的52家。中国500强企业中，上海也仅有42家，仅占全国的8%左右。虽然跨国企业还存在跨国化指数等诸多指标，企业规模不能简单等同于网络联系度，但随着中国企业走向世界，外资推动向内需拉动和出口导向转变，上海的网络平台地位也将受到严峻的挑战。

4. 上海功能特征评价三：全球科技创新中心

21世纪以来，创新成为城市发展的主要驱动力，全球城市的发展越来越关注城市创新能力。曾经以高度发达的贸易、航运、金融为特征的国际化大都市，纽约、伦敦等均在快速转型为全球创新中心。根据2014年2thinknow全球城市创新能力最新排名，伦敦和纽约分别居于全球第2位和第3位，仅次于旧金山。反观国内城市，上海全球创新能力排名从2010年的第24位下滑到2014年的第35位（图1.6）。

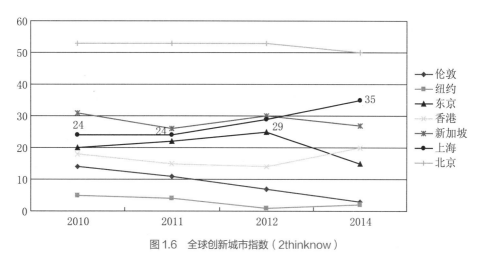

图1.6　全球创新城市指数（2thinknow）

资料来源：http://www.2thinknow.net/。

从研发投入角度来看，上海的研发支出占地区生产总值的比重远高于全国平均水平，并与其他全球城市相比差距不大。国家统计局的数字显示，2013年上海研发投入占地区生产总值（GDP）的比重为3.4%，低于北京（6.16%），但大大高于全国平均水平（1.98%）。此外，与世界其他城市相比的结果显示，上海的研发支出水平与纽约和新加坡比较接近，高于伦敦和中国香港（表1.14）。此外，总部经济也带动上海科技创新提升。2013年全年在上海新增跨国公司研发中心15家，平均月增1家以上。通用电气、杜邦、联合利华、德尔福等许多大型跨国公司纷纷于上海设立研发中心。

表1.14　研发支出占本地生产总值比重

	研发支出占本地生产总值比重
伦 敦	1.79（2007年）
纽 约	2.68（2007年）
东 京	3.39（2006年）
香 港	0.77（2007年）
新加坡	2.52（2007年）
上 海	2.64（2008年）
北 京	6.39（2008年）

资料来源：段霞:《建设后工业形态的新型世界城市》,《北京规划建设》2010年第5期。

由于低科技成果转化率等原因，研发投入并没有转化为创新能力，城市的创新功能并没有得到充分发挥。在城市创业环境方面，创新型中小企业作为未来全球城市创新的主体力量，受制于融资渠道、企业税赋、市场竞争公平性等方面的制约，上海也尚未涌现出华为、阿里巴巴这样的创新型企业。

5. 上海功能特征评价四：诱人的全球声誉

全球城市必须具有全球声誉与相应的国际市场地位，同时通过文化以及信息传播在价值观上影响世界其他城市。全球声誉包括众多方面，其中文化、宜居与生态环境成为全球城市影响力的重要方面。

本研究通过对GPCI的宜居、文化和环境三项排名取平均值后得到综合排名，用以衡量城市的全球声誉，可以看出上海的总体位次相对靠后，在环境方面体现得尤为明显（图1.7、图1.8）。针对三个分项分别进行分析的结果与针对总排名分析的结果相类似。

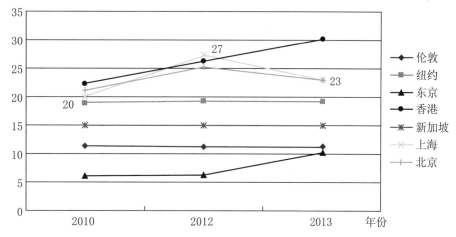

图 1.7　GPCI 宜居、文化、生态环境排名取平均值后综合排名

资料来源：根据 GPCI 历年报告整理。

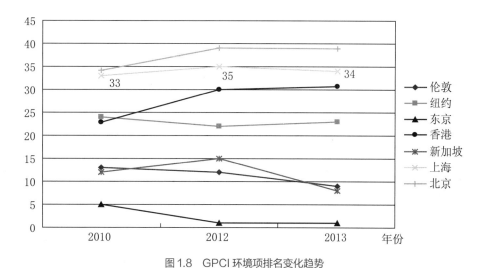

图 1.8　GPCI 环境项排名变化趋势

资料来源：根据 GPCI 系列报告整理。

宜居方面，上海与伦敦、纽约，东京新加坡等城市差距巨大，教育和医疗的国际化服务仍有待提升。从 WCoC（2008）宜居性评价来看，上海宜居得分仅为 64.31 分，远远落后于伦敦（91.00）、纽约（90.88）与东京（92.69）。2011年，英国《经济学家》的全球宜居城市排名中，上海以 73.8 的综合评分排名第79 位。与排名靠前的西方城市相比，上海在医疗水平方面得分最低，为 62.5 分，尤其在公共医疗的质量方面表现较差；安全方面得分最高，为 80 分；文化与环境、教育、基础设施得分尚可，但在公共交通的便利性方面有所欠缺。

文化方面，上海的城市文化魅力在亚洲有一定竞争优势，但与伦敦、纽约等顶级全球城市相比仍有差距。从城市最著名五个博物馆/美术馆参观人数来看，2013年上海参观人数约为660万人次，为伦敦的1/4，不到纽约的1/2，但超过香港（390万人）和新加坡（270万人）。GPCI的文化交融分项排名也支持这一观点，2013年上海该项得分为178.5，低于伦敦（348.8）和纽约（273.8），但高于亚洲城市东京（150.3）、香港（123.9）和新加坡（96.3）。

环境方面，上海目前温室气体排放量高出世界平均水平，雾霾加重，空气质量堪忧，生态环境亟待改善。据《中国低碳经济年度发展报告2012》，上海历年人均二氧化碳排放远高于其他地区，平均在13吨/人左右，是世界人均二氧化碳排放量（4吨/人）的三倍以上。空气颗粒物是影响上海市空气的首要污染物。2013年，上海PM2.5日均值为62微克/立方米，超出新国标规定的二级标准（27微克/立方米）；PM10日均值为82微克/立方米，超出新国标规定的二级标准（12微克/立方米），环境问题成为制约上海、北京角逐全球顶端城市的重要瓶颈。

1.3.3 上海全球城市未来发展判断

上海在中国快速崛起背景下，正在向全球城市迈进，并且已经具备角逐顶端全球城市的基础和实力。但对全球城市四大功能特征分项评价来看，表现存在明显差异。

在"全球主要金融商务聚集地"与"全球网络平台及流量配置枢纽"两个功能特征上，上海处于全球城市体系中具有竞争力的地位。尽管如此，其也存在金

图1.9 上海全球城市建设现状评价及判断

融中心服务国际化不足、跨国公司地区总部数量偏少、企业规模偏小等问题。未来需要进一步释放潜能，通过改进上海的投资环境和城市生活环境，吸引更多企业落户，在网络平台及流量配置枢纽建设上更上一层楼。

在"全球科技创新中心""诱人的全球声誉"方面，上海综合排名明显居后，城市创新、生态环境成为上海建设全球城市的突出短板。未来上海应积极探索适合自身发展的创新路径，创造适宜创新的发展环境，尽快补齐短板；同时，应更为关注生态环境对全球声誉的影响，加强区域合作，提升城市吸引力。

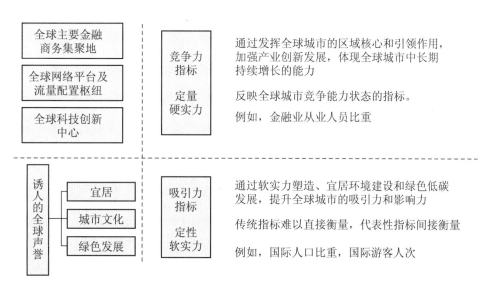

图 1.10　全球城市评价指标体系构成

1.4　上海全球城市评价指标体系及 2050 多情景预测

1.4.1　评价指标遴选及指标体系构成

1. 指标体系构成

结合相关理论分析及文献综述，本课题确定的全球城市指标体系由两个方面构成，即竞争力指标和吸引力指标。

全球城市竞争力指标主要涉及全球主要金融商务集聚地、全球网络平台及流量配置枢纽、全球科技创新中心三个特征层面，主要反映的是城市硬实力，通过发挥全球城市的区域核心和引领作用，体现全球城市中长期持续增长的能力。例如，金融业从业人员比重等。

全球城市吸引力指标涉及诱人的全球声誉功能特征，主要从宜居、城市文化、绿色发展三个方面解读，通过软实力塑造、宜居环境建设和绿色低碳发展，提升全球城市的吸引力和影响力。吸引力层面传统指标难以直接衡量，必须通过代表性指标间接衡量。例如，常住人口中外籍人口比重等。

2. 指标遴选

依据数据可得性、数据可比性、指标代表性等原则，并考虑实际需要，选择如下有代表性的指标。

（1）功能特征一（全球主要金融商务集聚地）评价指标。

推荐指标1：外汇交易额占全球比重。外汇交易额直接反映城市在国际金融市场中的地位，是反映城市国际竞争力的重要指标，属于国内外学者研究全球金融中心地位的核心指标。随着城市国际化程度的深化，外汇交易额会逐渐增长，但由于国际各城市间增长幅度和潜力不一，缺乏可比性。故本指标体系采用外汇交易额占全球比重来表征，通过比例的此消彼长更能直观反映在全球范围内的金融中心影响能力。

推荐指标2：生产性服务业从业人员比重。生产性服务业发育程度是全球城市的重要表征，同时也是沙森、GaWC等全球城市研究的基础，是应用最为广泛、认可度最高的指标。

推荐指标3：城市资本市场价值。城市资本市场价值是反映全球城市金融商务能力最为直接的指标，科尔尼和GPCI两项评价体系中均将其作为核心指标，但由于其数据难以准确衡量，可获取难度很大，故不将其作为本指标体系的核心指标。

推荐指标4：证券市场交易额。证券市场交易额也是反映城市金融市场活力的直观指标，国内外研究机构也较多采用，但由于中国目前证券市场并未向全球开放，仅通过QFII及沪港通等进入中国市场，数额较小，所以本指标体系并未将其作为核心指标。

推荐指标5：金融行业从业人员比重。金融行业从业人员比重是反映城市金融商务能力的一个间接指标，通过从业人数数量的比重反映城市金融行业的繁荣程度，该指标容易获取，但由于其间接性，故未将其作为核心指标。

（2）功能特征二（全球网络平台及流量配置枢纽）评价指标。

推荐指标 6：跨国公司总部数量。上海具有完整连续统计的跨国公司总部数量，数据可获得性好，权威性强，比较能够代表上海网络平台构筑能力，且与香港、新加坡两个主要城市可比。

推荐指标 7：世界 2 000 强总部数量。福布斯杂志每年公布全球 2 000 强企业名单，目前这个统计数据是按照国家比较的，没有具体到城市，在一定程度上影响了城市之间的比较，故不将其作为本指标体系的核心指标。

推荐指标 8：入境旅客人次。入境旅客人次显示城市对人流的影响力，但在中国，港澳台地区旅客都统计在内，数据不具有可比性，较难全面显示上海对国际旅客的吸引力。

推荐指标 9：国际机构总部数量。国际机构总部数量侧面反映一个城市在国际事务中的影响力，较难反映国际机构的能级和作用。

（3）功能特征三（全球科技创新中心）评价指标。

依据数据可得性、数据可比性、指标代表性等原则，并考虑实际需要，选择有代表性的指标。

推荐指标 10：研发支出占生产总值比重。研发支出占生产总值比重是通用指标，代表性强，数据易得，但仅能反映科技投入状况。

推荐指标 11：PCT 国际专利申请量。PCT 国际专利申请首先由专利申请人向其主管受理局提交，由世界知识产权组织的国际局进行国际公开，并由国际检索单位进行国际检索。根据 PCT 提交一件国际专利申请，申请人可以同时在全世界 148 个国家寻求对其发明的保护。PCT 国际专利申请量是非常能够代表自主创新的指标，国内数据易得，国际城市数据不易得。它反映出创新主体运用知识产权能力不断提高，开始注重利用《专利合作条约》途径寻求专利的国际保护，提升参与国际竞争的能力。

推荐指标 12：专利数。通用指标，数据易得。但国内专利申请数量庞大，实际产业化的比重低，难以全面反映实际科技创新能力。

推荐指标 13：专利产业化率。数据不易得，与专利数两个指标共同反映专利申请数量和申请质量。

推荐指标 14：大专以上学历人口占比。人才结构侧面反映科技创新能力，国内城市数据易得，可比性强，但国际城市难以对比。

（4）功能特征四（诱人的全球声誉）评价指标。

依据数据可得性、数据可比性、指标代表性等原则，并考虑实际需要，选择有代表性的指标。

推荐指标 15：常住人口中外籍人口比重。常住人口中外籍人口比重直接反映城市的宜居、开放程度，以及对全球流动性人才的吸引能力。科尔尼、GPCI，以及国内外的诸多研究中都采用了该指标。此外，该指标的可获取性和可比较性也较强。

推荐指标 16：年举办国际会议会展数量。承办国际会议数量多少反映城市对国际事务的参与能力，是城市服务水平的重要体现。科尔尼指数将其作为重要指标，国际协会联盟（UIA 标准）每年会定期公布各城市举办国际会议次数。

推荐指标 17：可再生能源占比。可再生能源占比反映城市的绿色发展转型能力，以及城市的可持续发展能力。首尔 2030 规划中也采用了该指标，并且国际社会已经对未来可再生能源占比做了相关规划和设想。

推荐指标 18：世界级博物馆数量。在国内的诸多研究中，将世界级博物馆的数量作为表征城市文化的重要指标，科尔尼指数中也将其作为文化体验的指标，由于我国博物馆目前仍以国内游客为主，并且缺乏对国际游客参观人数的统计，故指标体系中未将其作为核心指标。

推荐指标 19：年举办国际性体育赛事数量。该指标也是科尔尼采用的核心指标之一，但由于部分体育赛事活动数量年度变化较大，因此并未将其作为本指标体系的核心指标。

推荐指标 20：空气质量优良率。环境问题是上海角逐全球城市的明显短板，环境问题改善能显著提升上海的竞争能力，但由于国际上对于环境质量判定标准不一，缺乏可比性，故未将其作为本指标体系的核心指标。

3. 指标体系

推荐指标共计 20 项，考虑到数据的连续性、可得性和代表性等方面，选择其中 8 项核心指标进行预测，见表 1.15。

表 1.15　全球城市指标体系汇总

功能特征	核心预测指标	其他推荐指标
特征一——全球主要金融商务集聚地	1. 外汇交易额占全球比重 2. 生产性服务业从业人员比重	1. 城市资本市场价值 2. 证券市场交易额 3. 金融行业从业人员比重
特征二——全球网络平台及流量配置枢纽	1. 跨国公司总部数量	1. 世界 2 000 强总部数量 2. 入境旅客人次 3. 国际机构总部数量
特征三——全球科技创新中心	1. 研发支出占生产总值比重 2. PCT 国际专利申请	1. 专利数 2. 专利产业化率 3. 大专以上学历人口占比
特征四——诱人的全球声誉	1. 常住人口中外籍人口比重（宜居） 2. 年举办国际会议会展数量（城市文化） 3. 可再生能源占比（绿色发展）	1. 世界级博物馆数量 2. 年举办国际性体育赛事数量 3. 空气质量优良率

1.4.2　核心指标 2050 发展预测

1. 预测方向一——全球主要金融商务集聚地

（1）核心指标现状比较。

从外汇交易额占全球比重来看，2013 年 4 月，设立在上海的中国外汇交易中心当月日均交易额仅 130 亿美元，占全球交易量的 0.02%（图 1.11），而中国的外汇储备资产约占全球总量的 30%。而伦敦（40.9%）、纽约（18.9%）两座全球顶尖城市占据了全球日均外汇市场 60% 的日交易份额。

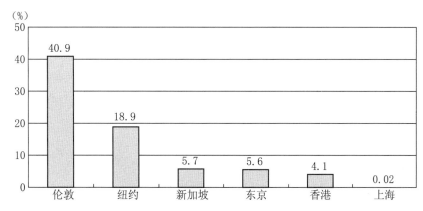

图 1.11　2013 年 4 月全球主要城市日均外汇交易额占全球比重

资料来源：赵民等：《新时期上海建设"全球城市"的态势辨析与战略选择》，《城市规划学刊》2014 年第 4 期。

从生产性服务业从业人员比重来看，2012 年，上海仅为 56.46%，而香港、伦敦、纽约该指标均超过 90%，东京、新加坡也在 80% 以上（图 1.12），与主要对标城市存在较大差距。

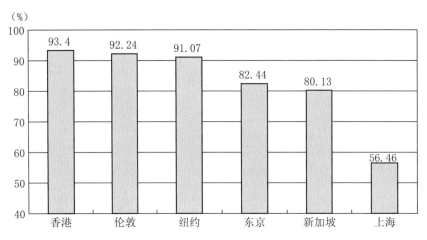

图 1.12　上海与主要对标城市生产性服务业从业人员比重比较（2012 年）

（2）2050 年多情景预测。

情景 1——现有路径下，距离全球领先的国际金融中心仍有较大差距。在现有路径下，受国内金融管制影响，上海外汇交易额占全球比重将难以实现突破，维持在 1% 以内。随着产业能级提升，上海生产性服务业比重将逐步提升，但也难以赶超新加坡、东京，提升到大致 65% 左右。在现有路径下，未来 30 年，上海距离全球领先的国际金融中心还存在较大差距。上海需要提高开放度和连接度，建立一个完善的监管框架、透明的监督环境、稳定的法律体系、现代化的金融基础设施和良好的生活标准。

情景 2——与国际部分接轨情景下，与新加坡、香港相抗衡。在局部改革及自贸区试点取得有效突破情况下，人民币兑换及资本自由流动的种种限制将得到释放，尤其是跨国界币种的金融交易方面。随着中国经济实力及人民币国际化进程加快，上海外汇交易额占全球比重将达到 5% 左右，与新加坡、香港相抗衡。生产性服务业从业人员比重也将达到 80% 以上。

情景 3——与国际全面接轨情景下，可能超越新加坡、香港，成为与伦敦、纽约相抗衡的全球性的金融中心。在自贸区改革试点成功基础上，扩大试点范围，建立上海特别市。在人民币成为国际货币，以及强大的国家政策支持背景下，上海很有可能超越新加坡和香港，成为与伦敦、纽约相抗衡的全球性的金融中心，外汇交易额占全球比重达到20%以上，生产性服务业成为主导，达到90%以上。

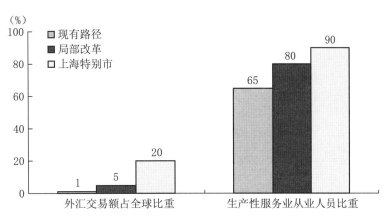

图1.13 核心指标情景预测汇总

2. 预测方向二——全球网络平台及流量配置枢纽

（1）核心指标现状比较。

2002、2008、2011年上海先后出台和修订《上海市鼓励跨国公司设立地区总部规定》及其《实施意见》，有力促进了上海总部经济发展。

2014年，落户上海的跨国公司地区总部达到434家，国内最多。但与香港和新加坡相比，上海跨国公司地区总部的集聚数量仍然不够高，仅有目前香港的1/3，新加坡的1/10。

（2）2050年多情景预测。

情景1——现有路径下，与香港、新加坡仍有一定差距。现有路径下，根据现状发展趋势，采取多种方法，综合预测2050年，上海跨国公司地区总部数量在2 000家左右。上海依靠自身力量，网络平台及流量配置能力将有一定程度提升，跨国公司总部数量将达到2 000家左右，但受制于体制机制限制，全球网络平台及流量配置能力与新加坡、香港仍有一定程度。

情景2——与国际部分接轨情景下，赶超香港，与新加坡仍有一定差距。如果税制、管制、法制等制度改革在局部取得突破，尤其是自贸区试点工作得到较好实施，与国际接轨的体制机制创新，将大幅提升全球网络平台及流量配置能力，吸引大量跨国公司总部、国际组织和国际机构等的进驻，跨国公司总部数量将可能达到 3 000 家左右，赶超香港目前的水平，与新加坡仍有一定差距。

情景 3——自贸区改革得到全面推行，制度安排与国际全面接轨，可能获得比肩伦敦的全球资源配置能力。自贸区改革全面推行的情况下，税制、管制、法制等体制机制改革与国际全面接轨，体制机制创新将极大地释放上海的潜力，吸引的跨国公司总部可能超过 4 000 家，全球网络平台及流量配置能力将有可能超越新加坡和香港，成为比肩伦敦和纽约的全球主要网络平台和顶级流量配置能力。

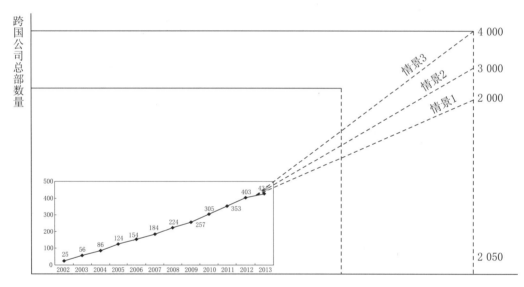

图 1.14 上海跨国公司总部数量预测

3. 预测方向三——全球科技创新中心

（1）核心指标现状比较。

从研发（R&D）支出占本地生产总值比重来看，2013 年上海为 3.6%，该指标已超过伦敦（1.79%）、纽约（2.68%）、东京（3.39%）等全球顶端城市，但与北京（6.08%）相比仍有一定差距。PCT 国际专利申请量是衡量自主创新的重要指标，2013 年上海 PCT 国际专利申请量达 886 件，占全国的比重为 4.1%，仅次于广东、北京和江苏，居全国各省市第 4 位。2013 年全球 PCT 国际专利申请量为 20.5 万件，中国申请量达到 2.151 6 万件，位居世界第三。

（2）2050年多情景预测。

情景1——现有路径下，科技创新影响力仍然不足。研发（R&D）支出占本地生产总值比重已超伦敦、纽约、东京等城市，科技支持力度较大，保持在4%左右，但政策执行力度仍然不够，科技创新的影响力仍然不足。PCT国际专利申请量预计在2 000件左右，与深圳、北京等创新能力较强的城市仍然有较大差距。现有路径下，上海科技创新仍然依赖大中型企业和外资研发机构，小企业创新明显不足的问题一段时间内难以得到改变。

情景2——科技支持力度大，政策扭曲中（效果中等），形成与北京相当的科技创新能力。进一步加大科技支持力度，使得研发（R&D）支出占本地生产总值比重进一步提升，突破5%，缩小与北京的差距。进一步通过局部政策机制创新，提升科技政策的执行力和效果，提升企业的科技水平和研发能力，使得PCT国际专利申请量突破3 000件，形成与北京相当的科技创新能力。

情景3——科技支持力度大，政策扭曲小（政策实施效果比较好），赶超北京、深圳。进一步加大科技支持力度，使得研发（R&D）支出占本地生产总值比重进一步提升，突破6%，赶超北京目前水平。通过政策创新和执行机制创新，全面释放政策创新潜力，提升政策实施效果，使得上海的自主创新能力得到显著提升，PCT国际专利申请突破1万件，赶超深圳。

4. 预测方向四——诱人的全球声誉

（1）核心指标现状比较。

从常住人口中外籍人口比重（评测宜居因子）来看，上海仅有0.7%，与北京相当，但与伦敦、纽约、新加坡等城市差距明显。伦敦、新加坡、纽约凭借其包容性的文化、适合创业的环境吸纳了大量外籍人口，占比均在15%以上。香港作为东西方文化的交汇地，外籍比重达到6.7%。东京由于以本国企业为主，国际化程度有限，外籍人口仅占3%。

从年举办国际会议次数（评测城市文化因子）来看，根据ICCA公布的2013年城市会议年度报告，上海共举办国际协会会议72个，位居全球第29位，与巴黎、新加坡、伦敦、北京、香港、东京等城市数量仍有较大差距。

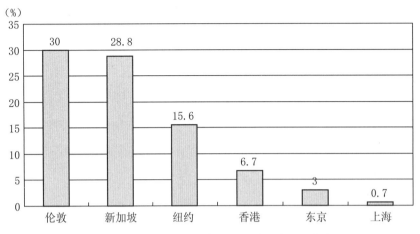

图1.15　全球主要城市外籍常住人口比重（2012 年）

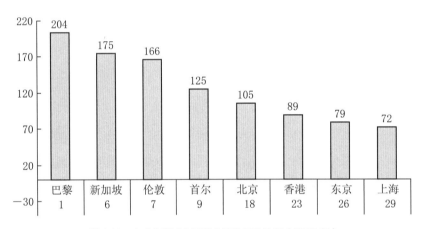

图1.16　全球主要城市国际会议数量及排名（2013 年）

从可再生能源占比（评测绿色发展因子）来看，2010 年上海仅为 0.5%，而根据伦敦规划，大伦敦区到 2025 年要有 25% 的能源来自当地的低碳能源。国际能源署（IEA）发布的 2013 年世界能源展望报告（World Energy Outlook 2013）预测，到 2035 年可再生能源在全球能源供应量中将占到 31%。

（2）2050 年多情景预测。

诱人的全球声誉作为全球城市建设的吸引力指标，体现的是城市发展的软实力，需要达到一定的门槛，即确定基准目标体系，结合国际上主要城市指标比较，本课题确定的基准目标为：常住人口中外籍人口比重达到 6%（中国香港现状水平）；年举办国际会议次数达到 100 次以上（与首尔、北京相类似）；可再生能源占比，达到 50% 的平均水平。

情景 1——现有路径下的全球声誉，城市宜居和可持续能力仍有不足。在现有发展路径下，城市的生态环境、包容性等将影响全球流动性人才的吸纳能力，户籍人口中外籍人口比重将难以达到香港 6% 的水平。从举办国际会议数量来看，上海现状与首尔、北京等城市差距不大，随着国家实力提升，在数量方面将达到 100 次目标。从可再生能源使用方面，上海存在明显差距，难以实现。

情景 2——与全球城市相匹配的声誉，提升环境质量、文化包容性，推动可持续发展。提升城市的生态环境，文化的包容性及城市创新能力，吸纳全球流动性人才的集聚，超越中国香港现状 6% 的水平，向纽约 15% 的水平迈进。在可再生能源使用方面，加快产业及能源结构升级，超越国际上 50% 的平均水平。

1.4.3　2050 上海全球城市总体发展多情景预测

将上述四种功能特征下的多情景预测进行汇总，并按照 α+、α、α−、β+、β、β−、γ+ 等 7 级进行分级评价。其中 α+ 等级为全球顶端，α 等级为全球前 3，α− 等级为全球前 5，β+ 等级为全球前 10，β 等级为全球前 20，β− 等级为全球前 30，γ+ 等级为全球前 40。

考虑到全球城市的专业化分工至关重要（Sassen, 2009），根据四种功能特征的发展程度打分构成不同打分雷达图，考虑全球城市的专业化分工[1]，选择其中较为代表性的三种情景模式，综合分析上海全球城市建设的三大方向。

综合情景一：科技创新主导。考虑到科技创新主导下，科技投入和政策创新力度加大，具体的情景组合方式为（A2，B2，C3，D1），评分标准为（β，β+，α+，γ+）。

综合情景二：经济竞争力主导。考虑到竞争力主导下，金融商务等硬实力将

---

[1]　城市中没有一个能在 7 个分类中均达到 100 分的城市，有些总排名十分靠前，但在某些项排名依旧比较靠后。例如，伦敦在总体排名位列第 1，但是在宜居性方面位列 24 位、法律和政治框架方面位列第 26 位，全球城市发展中应该强调特色和专业化分工。

表 1.16　情景指标打分汇总

情 景 模 式		对 应 指 标		打 分
预测方向一：全球主要金融商务集聚地	情景 A1：现有路径下	外汇交易额占全球比重	<1%	γ+
		生产性服务业从业人员比重	65%	β−
	情景 A2：与国际部分接轨	外汇交易额占全球比重	5%	β
		生产性服务业从业人员比重	80%	β+
	情景 A3：与国际全面接轨	外汇交易额占全球比重	>20%	α
		生产性服务业从业人员比重	90%	α+
预测方向二：全球网络平台及流量配置枢纽	情景 B1：现有路径下	跨国公司地区总部数量	2 000	γ+
	情景 B2：与国际部分接轨	跨国公司地区总部数量	3 000	β+
	情景 B3：与国际全面接轨	跨国公司地区总部数量	4 000	α
预测方向三：全球科技创新中心	情景 C1：现有路径下	研发支出占本地生产总值比重	4%	β−
		PCT 国际专利申请量	2 000	γ+
	情景 C2：科技支持力度大，政策扭曲中	研发支出占本地生产总值比重	5%	β
		PCT 国际专利申请量	3 000	β
	情景 C3：科技支持力度大，政策扭曲小	研发支出占本地生产总值比重	6%	α+
		PCT 国际专利申请量	1 万	α+
预测方向四：诱人的全球声誉	情景 D1：现有路径下	常住人口中外籍人口比重	6%	γ+
		年举办国际会议次数	100	β−
		可再生能源占比	<50%	γ+
	情景 D3：科技支持力度大，政策扭曲小	常住人口中外籍人口比重	6%—5%	α+
		年举办国际会议次数	>100	α+
		可再生能源比	>50%	α

得到较大提升，具体的情景组合方式为（A3，B3，C1，D1），评分标准为（α+，α，β−，γ+）。

综合情景三：全球声誉主导。考虑到全球声誉主导下，文化、环境和宜居均会有较大程度提升，具体的情景组合方式为（A2，B2，C2，D3），评分标准为（β，β+，β，α+）。

1.5 上海 2050 远景目标展望

1.5.1 伦敦、纽约、东京经验借鉴

伦敦的总目标为"在全球城市中脱颖而出"，纽约的总目标为"强大而公正的城市"，东京的总目标为"世界最好城市"，总目标的表述简洁、柔性、富有想象力。总目标下均设置了几个具体目标，对未来发展进行引导和控制，具有明显的导向性和预测性。例如纽约规划目标 2——公平和公正的城市，具体指标为 80 万人摆脱贫困，过早死亡降低 25%；纽约规划目标 3——可持续发展，具体指标为温室气体排放减少 80%；东京规划——世界级创业城市，具体指标创业率由 4.8% 上升至超过 10%。这些目标均是柔性表述和指标控制相结合，既有导向性，又有可实施性。

1.5.2 上海 2050 总体愿景——从亚洲崛起的全球领军城市

本课题提出上海 2050 的总体愿景为"从亚洲崛起的全球领军城市"，对应的英文为"A leading global city in Asia-Pacific region"。

1. 亚洲地区全球城市的竞争

（1）全球经济重心向亚洲迁移，亚太地区必将出现顶级全球城市。

亚洲全球城市崛起态势明显，竞争激烈。从 GaWC 全球城市排名来看，亚太地区的城市崛起态势十分明显，位于全球前 20 位的城市从 2000 年的 4 个增加到 2010 年的 7 个，尤其是中国、印度等新兴经济体的主要城市成为新的重要力量。

表 1.17　GaWC 全球城市排名比较

	2000 年前 20 位	2010 年前 20 位
北美区域	纽约、芝加哥、洛杉矶、多伦多、旧金山、墨西哥城，共计 5 个	纽约、芝加哥、多伦多、洛杉矶、墨西哥城，共计 5 个
欧洲区域	伦敦、巴黎、米兰、马德里、阿姆斯特丹、法兰克福、布鲁塞尔、苏黎世，共计 8 个	伦敦、巴黎、米兰、马德里、法兰克福、莫斯科，共计 6 个
亚太区域	香港、东京、新加坡、台北，共计 4 个	香港、新加坡、东京、上海、迪拜、北京、孟买，共计 7 个
大洋洲与南美洲	悉尼、圣保罗，共计 2 个	悉尼、圣保罗，共计 2 个

全球经济重心继续向亚洲迁移，亚洲必将出现顶级全球城市。麦肯锡全球研究院（MGI）研究报告称，全球经济重心自20世纪80年代以来由欧美向亚洲变化的速度急剧加快，2000—2010年全球经济重心以每年140千米的速度向亚洲移动，比二战后的十年快约30%。预计到2025年，亚洲的GDP将占世界GDP近50%的份额。

（2）东京作为日本门户城市的重要性下降，其全球城市地位受到质疑。

在亚太地区，东京的重要性下降，香港和新加坡进入了主导地位。根据GaWC小组排名，2000—2010年东京竞争力排名下降了1位。1990—1995年大量外资金融机构从东京流向中国香港和新加坡。

东京是日本跨国企业进入世界的门户城市，而非世界城市（Newman，Thornley，2012）。从20世纪80年代开始，东京拥有大量世界顶尖的公司和银行，但这是因为日本企业的成功，而不是因为它吸引了外国公司。

（3）香港——国际认同度高，内地与国际市场桥梁优势弱化，地位受到挑战。

中国香港是自由经济的典范，国际认同度高。美国传统基金会最新公布的"全球经济自由度指数"排名显示，中国香港连续第20年名列全球第1位。

内地与国际市场连接的中介和桥梁作用弱化①。随着内地的改革开放及其加入世贸组织，内地和国际市场的直接联系加强，香港的地位随之下降。其一，由于自由经济的市场属性和政府的不干预政策充分实施，香港对于先进制造业支撑力度不够，先进制造业发展动力不足。其二，功能比较单一，在1998年金融风暴中受到巨大冲击。第三，城市治理能力弱化明显，尤其是回归后的几任特区政府15年来的平均"立法成功率"只有57%，搁置或押后了超过204项法案。

（4）新加坡——强势政府、自由市场有序结合的全球城市。

由于政府强势主导经济，实行"高效、廉洁"的行政管理手段，以及出于强

---

① 同为东亚区域的城市经济体，新加坡近年的发展远超有内地地区作后盾的香港地区。不仅10年间人均GDP被新加坡从中国香港的93%反超至134%，扣除通胀和汇率影响的家庭收入中位数，香港地区下降了2.9%，新加坡却增加了18.1%。

烈危机意识的公共管理政策，近 10 年来新加坡的竞争力排名仍在上升，尤其是 GaWC 排名，由 2000 年的第 6 位上升到 2010 年的第 5 位。此外，政府干预都建立在市场基础上，充分运用市场机制进行调节，实行自由港政策，鼓励企业实行自由竞争。

但是由于政府管理覆盖广，导致创新性不足。根据 2Thinknow 构建的"全球创新城市指数"，2014 年新加坡排名第 27 位，强势政府主导是其创新力发展不足的一个重要原因。

2. 从亚洲崛起的全球领军城市

每个不同的时代造就不同的顶级城市，上海要借助"互联网+"时代，成为互联网时代从亚洲崛起的全球城市。

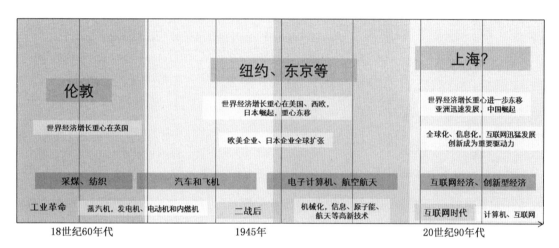

图 1.17　全球城市发展演化

3. 四大分目标

本次研究提出上海 2050 总体愿景为从亚洲崛起的全球领军城市，对应英文为"A leading global city in Asia"。

总目标包含四个具体目标，分别为具有全球影响力的科技创新中心（global influential innovation center）、亚太地区的全球经济枢纽（global economic hub of the Asia-Pacific region）、东方文化基调的多元包容城市（oriental culture based diverse and inclusive city）、与大国地位相匹配的可持续发展城市（sustainable city corresponding to great-power status），见图 1.18。

2050上海总体愿景及分目标

从亚洲崛起的全球领军城市

A leading global city in Asia

四个分目标

01 时代领军

具有全球影响力的科技创新中心

global influential innovation center
- 上海后发崛起的不同路径，紧抓互联网，全球化等新机遇，塑造新优势。

02 经济领军

亚洲地区的全球经济枢纽

global economic hub in Asia
- 中国崛起大背景下，国家实施"一路一带"战略，提高对亚洲的影响力。
- 全球金融中心，具有国际竞争力的平台城市

03 东方文化领军

东方海派文化基调的多元包容城市

oriental culture based diverse and inclusive city
- 上海，东方文化引领，东西方文化交汇

04 绿色发展领军

与大国地位相匹配的可持续发展城市

sustainable city corresponding to great-power status
- 与大国地位相匹配的环境保护责任；
- 在应对全球气候变化和绿色发展方面起到引领作用；低碳减排、集约紧凑、绿色出行和安全保障

图 1.18 上海 2050 全球城市发展总体愿景

（1）具有全球影响力的科技创新中心。

上海未来将大力推进科技创新，建设处于创新和研发前沿的领袖城市、高效互联的智慧城市，成为推动科技进步的创新策源地，打造"全球科技创新中心"。

（2）亚洲的全球经济枢纽。

"中国崛起"大背景下，"一带一路"国家战略开始实施，上海"两个扇面"的作用将得到进一步提升，尤其是在中企海外布局和人民币国际化进程中发挥重要作用，使得上海从长三角，乃至中国经济的窗口，逐步发展为亚太地区的经济窗口，参与全球资源配置的能力进一步提升，对于亚太经济的影响力显著扩大。

建设中国企业对外辐射的门户城市。在"两个扇面"中，上海要积极推动国内企业，尤其是长三角企业对外辐射，建设中国企业对外辐射的门户城市。此外，上海应借助上海自贸区制度创新，金砖银行总部落户上海等战略契机，加快

企业的国际化步伐，作为推动国家"一带一路"战略实施的核心支点，构建中国企业对外辐射的门户。

建设比肩伦敦、纽约的国际金融中心。上海应根据现有金融基础，建设不仅服务于国内经济的金融中心，更能助推亚太地区发展的全球金融中心。

建设国内外企业总部聚集的平台城市。以良好的环境吸引国内外企业总部入驻，不仅仅是目前主要为国外跨国公司区域总部，更要吸引国内企业总部和跨国公司全球总部入驻，使得上海参与全球资源配置的经济影响力迅速提升。

（3）东方文化背景的多元包容城市。

根据 GaWC2012 年排名，全球城市排名前 20 位的城市中，70% 的城市都是西方文化背景的；亚洲地区的香港、新加坡、东京是属于东西方文化交汇型的；上海、北京则属于东方文化型的。

上海在文化层面具有极强的包容性。在 20 世纪二三十年代，上海被称为东方巴黎，在文化、艺术、建筑等各方面都取得了巨大成就，是亚洲第一大都市，上海具有多元包容性文化的传统基因。与亚洲其他城市在文化层面相比，新加坡属于城市国家，未来发展腹地和潜力有限；东京在文化层面较为保守，发展局限在日本国内，对亚洲其他国家影响力低；中国香港作为东西方文化交流桥梁，伴随内地的崛起，其地位受到挑战。因此，上海在建设全球经济中心的同时，更应基于东方文化特质，海纳百川、兼容并蓄，为东方文化圈所有居民、游客、工人和学生，提供多样化的、包容性的环境，使其无论出身、背景、地位如何，均能满足他们生活、游玩、工作、成长的需求，建成全球最具"东方文化基调的多元包容城市"。

（4）与大国地位相匹配的可持续发展城市。

中国碳排放居总量居世界首位。2011 年，中国经济总量超过日本，但在经济增长的同时，碳排放量却远高于美国和日本。根据相关数据及预测，目前中国单位 GDP 能耗是美国的 4—5 倍，是日本的 7—8 倍。2013 年，中国的碳排放量占全球碳排放总量的 29%，紧跟其后的是占 15% 的美国和占 10% 的欧盟，中国的碳排放总量超过了欧美之和。

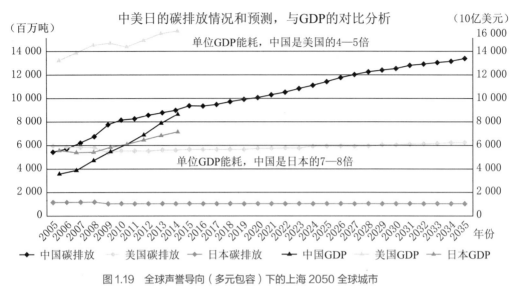

中美日的碳排放情况和预测，与GDP的对比分析

单位GDP能耗，中国是美国的4—5倍

单位GDP能耗，中国是日本的7—8倍

（百万吨）

（10亿美元）

→ 中国碳排放　　◦ 美国碳排放　　◦ 日本碳排放　　— 中国GDP　　— 美国GDP　　— 日本GDP

图1.19　全球声誉导向（多元包容）下的上海2050全球城市

资料来源：碳排放数据来源于美国能源信息署 U.S. Energy. Information Administration；GDP 数据来源于国际货币基金组织 IMF。

中国城市人均碳排放进入全球最高行列。从城市层面看，2010 年京沪人均碳排放已经进入全球最高行列，北京、上海人均二氧化碳排放量分别达到 10.1 吨、11.7 吨，接近或超过纽约人均 10.5 吨的水平，超过伦敦的人均 9.6 吨水平，新加坡 7.9 吨水平，东京的 4.9 吨水平。2050 年，中国将成为世界最大经济体，在碳排放上，中国也应负起相应责任。作为全球城市，上海更应在成为应对全球气候变化的典范，建成可持续发展城市。

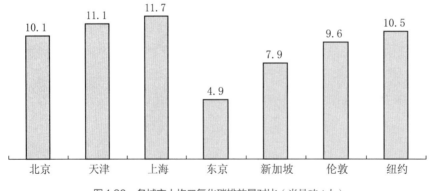

图1.20　各城市人均二氧化碳排放量对比（当量吨 / 人）

在新一轮的全球城市规划中，纽约、伦敦等顶级全球城市均将应对可持续发

展作为重点内容。纽约提出建设"世界上最可持续的大城市，成为应对全球气候变化的全球领导者"，并且从温室气体排放、固体废弃物、空气质量等多个层面设立了具体目标。伦敦则提出"在改善环境方面成为全球领导者"，率先应对气候变化，减少污染，发展低碳经济，消耗更少的资源和更有效地利用资源。由此可见，环境在未来全球城市竞争中重要性，以及全球城市在改善人类居住环境方面所承担的责任。上海在应成为国内城市应对气候变化的领导者，通过改变能源供应，低碳发展，降低危险温室气体的排放量，同时为居民提供洁净的空气和水资源，承担起与大国地位相匹配的城市发展责任。

1.6 上海全球城市建设面临的重大风险及关键影响变量

1.6.1 上海全球城市建设面临的重大风险

1. 风险一：人口扩张超过城市负荷极限

（1）人口规模持续快速增长，人口密度大。

上海人口规模持续快速增长，人口扩张带来的负荷大。上海人口规模年均增长超过 60 万人，中心城和周边新城年均增长率分别达到 17% 和 28%。

上海人口密度非常高，尤其是城市核心区人口密已经远高于纽约、伦敦和东京核心区的人口密度（见表 1.18），未来发展面临的挑战巨大。在 2010 年美国《福布斯》杂志公布的全球人口最稠密城市排行榜中，上海排名第 10 位，国内城市仅次于深圳（第 5 位）。该杂志同时指出，排名靠前的城市，由于发展太快，地方基础设施无力满足居民需求，因此，生活品质不是很高，交通经常堵塞。

表 1.18　上海与其他全球城市核心区人口密度比较

范　　围		面积（平方千米）	2010 年总人口	
			人口数量（万人）	人口密度（人 / 平方千米）
上海核心区	黄浦区、虹口区、静安区	52	177.6	34 438
纽约核心区	曼哈顿区	59	158.6	26 879
东京核心区	千代田区、中央区、港区	42	37.5	8 936
伦敦核心区	伦敦市 / 金融城	2.6	0.6	2 308

（2）人口规模、人口布局与公共设施的供需矛盾日益突出。

一方面，上海人口规模持续快速增长，另一方面，上海的人口增长主要集中于中心城周边地区，但中心城周边地区的公共服务就业人口远低于中心城。常住人口快速增长的近郊区人均公共财政支出也小于中心城及远郊区县，每万人医疗床位数由 2000 年的 45 张 / 万人下降到 2010 年的 37 张 / 万人。

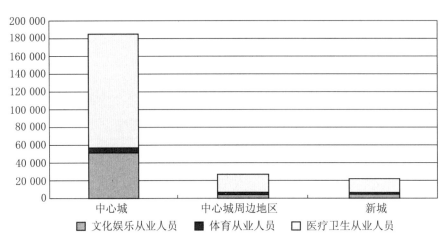

图 1.21　上海市域范围相关公共事业从业人员情况

资料来源：上海市第二次经济普查（2008）。

（3）环境资源承载力不足。

2011 年底，上海建设用地规模为 2 951 平方千米，占陆域的 54.8%（含崇明为 43.6%）。根据国际经验，全球城市（如伦敦、巴黎、东京、香港等）的建设用

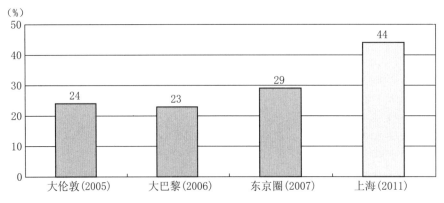

图 1.22　上海与部分国际大都市建设用地占比

资料来源：石忆邵：《国际大都市建设用地规模与结构比较研究》，《上海城市规划》2012 年第 2 期。

地规模占市区的比重一般稳定在 20%—30% 之间，相较而言，上海的土地资源更加紧张。由于长三角城市发展速度过快，水源地受到上游水的影响较大，取水量和供水量持平，供给无余量，一旦有突发事件发生，则无法满足当地人民的正常生活。

（4）人口激增带来社会安定问题。

外来人口主导城市人口增长，流动人口引发社会环境不稳定性。2000—2011 年上海外来人口由 387 万人迅速增长至 935 万人，增幅达 142%，增幅远超同期上海常住人口的增长。与此相应的是，流动人口聚居的地方，无照经营、"黑车"营运、制贩假冒伪劣商品，非法行医问题多发，容易引发社会安定问题。

2. 风险二：高端人才流失

（1）人才规模与人才结构可能与全球城市的需求不相匹配。

人才规模尚未达到建设全球城市标准。大量人才集聚是全球城市的重要标志之一。但目前，上海高学历人才总量不及纽约、香港等国际化大都市，与北京也存在一定差距。高端服务人才缺乏影响国际金融中心城市建设。一个城市的金融从业人员数量占总人口的比重在 10% 左右时才能成为国际金融中心。2010 年，上海金融业从业人数为 23.19 万人，仅占总从业人员的 2.2%。中心城内制造业、传统服务业就业比重仍然偏高，与伦敦等国际城市比较差距较大。

（2）环境污染、生活成本高涨引发人才逃离上海。

一方面，空气污染正促使外籍人士离开上海。另一方面，较差的空气质量加大了企业延揽国际人才的难度。2011 年，中国近 1 万人通过投资移民移居海外，按照最保守的每人投资额 50 万美元计算，一年投资移民资金流出 50 亿美元，人才外流的同时带走大量资金。最近三年则有 150 亿美元流失海外。

生活成本高涨迫使人才外流。不断上涨的房价提高了人才在大城市安家置业的门槛，由于有购房支出，68.4% 的上海青年不敢轻易更换工作，74.8% 的上海青年择业时主要考虑的是报酬，63.6% 的上海青年还贷后无余钱创业。此外，上海还面临以高房价为代表的高生活成本。2009 年上海房地产价格逆市上扬，仅 2009 年 11 月住房成交均价环比就上涨了 15%，租售价格比突破了 1 ∶ 400，房价收入比高达 17.2。世界上许多国际大都市，如纽约、悉尼等，房价收入比基本维持在 8—10 之间，目前上海已远高出这一平均水平。

3. 风险三：经济转型未达到预想

（1）经济发展易受世界经济周期波动影响。

上海外贸依存度较大，远高于江浙两省，国际经济环境对上海经济发展的影响日益增加。虚拟经济具备高风险性和高投机性，随着比重增加，加剧了上海产业环境的不稳定性和多变性。

（2）面临中等收入陷阱，产业结构调整存在风险。

人均 GDP 从 1 万美元进入 2 万美元的阶段，可能因为结构转型，驱动创新因素缺乏而难以完成（上海 2012 年人均 GDP 为 13 668 美元）。

制造业和生产性服务业存在"此消彼长"的过程，上海经济转型面临重大风险。要二三产业发展平衡，避免走逆工业化的道路。

（3）总部经济绝对优势尚未建立，增长速度有减慢趋势。

由于制度利好红利逐渐减少，上海跨国公司总部、外商投资性公司、外商研发中心数量的增长都出现趋缓趋势，未来或遇到瓶颈。

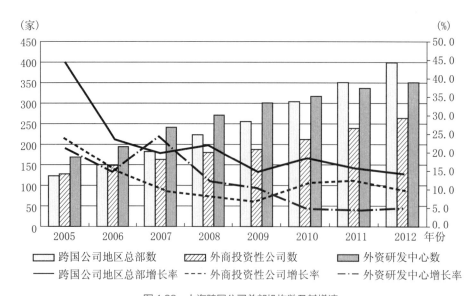

图 1.23　上海跨国公司总部机构数及其增速

资料来源：2013 上海总部经济及商务布局发展报告。

4. 风险四：交通严重拥堵

（1）公共交通治理水平能否达到全球城市的要求。

人口增长及经济发展带来的交通拥堵有待进一步解决。目前上海高峰时段平均行程车速较低，主要快速路拥堵现象已成常态化，路网整体服务水平偏低。上海在机动车保有量控制，车辆使用环节、动静交通管理环节以及地面公交专用道网络建设等方面与全球城市标准存在一定差距。尤其地面公交管理与服务水平较低，吸引力不强，导致交通出行向公共交通的转移较困难，以公共交通出行特征不明显，在交通出行方式、运行效率、安全、环境等方面均有待提高。

表1.19　上海与首尔、东京公共交通运行效率比较（不含轮渡）

城　　市	总人口（万人）	面积（平方千米）	公共汽车乘行总量（万乘次/日）	轨道交通乘行总量（万乘次/日）	出租车乘行总量（万乘次/日）	轨道交通占公共交通方式比重	乘行强度（乘次/人·日）	轨道交通线路长度（千米）
上海（2011）	2 347	6 787	770	576	301	35%	0.7	468
首尔（2004）	1 029	606	793	990	247	49%	2.0	287
东京交通圈（一都三县）	3 200	13 555	1 620	2 400	125	85%	1.3	2 305

资料来源：《上海市综合交通年度报告》（2012）、《上海市轨道交通运输系统发展研究》（2012）。

（2）交通对于重点地区的支持不够。

高峰时段内环以内浦西地区的主要道路大都处于拥挤状态，平均行程车速普遍低于20千米/小时。射线道路临近中心城段普遍存在常发性拥堵，部分高速公路和主要公路甚至处于0.7—1的饱和运行状态。中心城越江通道的机动车交通量月101.4万辆/日，高峰小时平均饱和度较高，整体处于较低服务水平。

5. 风险五：环境诸多风险

（1）上海应对气候变化脆弱且敏感。

美国《自然灾害》上的一项全球研究基于"沿海城市防洪脆弱性指数"判断上海是全球最容易遭受严重洪灾的城市，认为海岸线较长，有大量江水流经以及防护措施投入不足是上海脆弱性高。

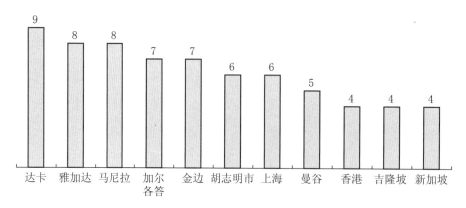

图1.24 各城市气候变化脆弱性排名

注：得分越高，表明城市气候变化越脆弱／敏感。

资料来源：世界自然基金会WWF2009年公布，《巨型城市面对的巨大压力》。

（2）上海环境问题严重，存在差距较大。

2012—2013年，上海在GPCI环境分项得分远低于东京、伦敦、新加坡，与伦敦新加坡差约70分，上海未来发展应当特别关注环境问题。

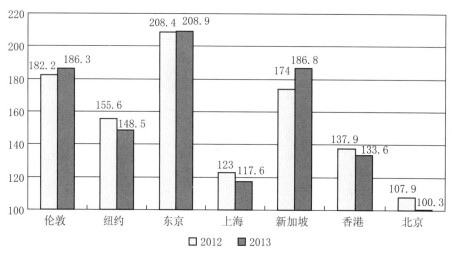

图1.25 GPCI环境分项评分

资料来源：GPCI系列报告。

（3）低碳城市建设存在挑战。

虽然上海单位经济产值的能耗不断降低，但由于经济的高速增长和规模扩张，上海的能耗与二氧化碳排放总量并没有明显下降，如不采取强有力节能措施，2015 年用能总量将达到 1.4—1.5 亿吨标准煤。2008 年，上海人均二氧化碳排放量接近 11 吨，大大超过世界和全国的人均水平（目前世界的人均二氧化碳排放量为 4 吨，中国的人均二氧化碳排放量为 5 吨左右）。

6. 风险六：贫富严重分化引发社会问题

（1）上海贫富差距明显存在。

上海巨大的贫富差距主要表现在以下两个方面：一是住房贫富差距大。上海最高的 12.5% 的人拥有的住房面积等于最低的 56.4% 人的面积。二是贫富收入差距大。60% 左右的市民收入低于平均数。人均 GDP 水平最高的静安区是最低的崇明县的 7.5 倍。

（2）贫富差距影响社会安定和发展。

部分人口不能分享经济增长和社会繁荣的成果时，他们的不满情绪最终会造成社会的不稳定。

1.6.2 对未来有重大影响的五个关键变量

1. 科技——科技的发展变迁改变人类未来和城市未来

（1）科技创新成为影响人类社会和城市的越来越重要的因素。

受科技快速发展影响，人类文明的进程不断加速，第一次浪潮是"农业文明"，历时数千年；第二次浪潮是"工业文明"，历时 300 年；第三次浪潮是"信息文明"，从 20 世纪 50 年代后期开始，可能只要历时几十年。

科技变迁影响人类社会的方方面面：科技进步使得太阳能、风能等新能源得以开发应用；随着交通和通信方式（地铁、高铁、飞机、手机等）的日益丰富，降低了出行的时间成本，提高了办事效率，进而影响人们的生活方式。

（2）未来上海应成为具有全球影响力的科技创新中心。

首先，突出先行先试，实现智慧城市落地。积极推进智慧城市基础设施建设，挖掘大数据价值，推动城市发展，真正实现智慧城市落地。积极利用科技成果，尝试基于网络的交通方式、生活方式、办公、沟通方式、消费模式。其次，积极推进科技成果产业化，引领全国乃至全球科技产业创新发展。进一步推进支撑科技发展的风险资本市场建设，推进科技成果产业化平台建设；营造适合前沿科技发展需要的政策环境和制度。

2. 货币——未来全球经济中货币的控制之手

随着中国经济发展，美元、欧元、人民币未来可能成为世界三大国际货币。目前，中国已成为第二大经济实体，对外贸易额和股市市值均居世界第二，已具备相当经济实力。但对照货币国际化条件，人民币成为国际储备货币的道路还很漫长。未来应当进一步确立人民币在全球货币体系的主导地位。

首先，政府作用——金融改革势在必行，继续开放金融市场，转变模式。提升人民币计价和结算功能，扩大在贸易和金融投资中的结算和交易量。助推人民币成为区域储备货币，鼓励自由贸易区伙伴国用人民币作为贸易计价货币，签署货币互换协议时用人民币作为支付货币；推进人民币成为周边国家地区的储备货币。审慎推进人民币完全可兑换，加强对跨境人民币的资本监管。发展人民币离岸中心。

其次，上海城市环境提升——抓住自贸区在上海试点的机遇，加快自贸区的建设，有序推进人民币完全可兑换，并复制推广，建设人民币全球中心。

3. 文化——面向未来全球城市的精神需求

全球城市对国际社会的影响力和控制力，不仅体现在经济上，也体现在文化渗透力上。对于全球城市，文化及城市精神是其成为世界重要市场和经济交往枢纽的根基。文化的发展建立在物质需求满足的基础之上。全球城市应当具有全球声誉的文化魅力。历史上对世界影响大的城市都是文化大都市，如中国唐代的长安，现代的伦敦与纽约，都是多国人士聚集，多种语言共存的城市。文化形式应当是多元、包容、共存的。纽约自由多元的文化氛围，造就了文化的多元化特征。在音乐、电影、喜剧、视觉艺术等方面，纽约都是世界性中心和行业焦点，是仅次于洛杉矶好莱坞的第二大电影产业中心，纽约的百老汇、爵士乐、书画艺术在世界独树一帜。伦敦则是英国民主宪政思想的诞生地，全球文化交汇的中心，拥有全球最大的博物馆、最开放的新闻媒体，以及众多享誉世界的大学。伦敦拥有最自由的创作环境，《哈利波特》《魔戒》风靡全球，英国的剧本和演员，是号称世界梦工场的美国好莱坞最重要的资源。

　　未来上海在发展中，应突出上海海派文化的多元、包容、复合、共生。在文学领域，各种文化思潮在上海都可以立足；建筑领域既有法国新古典主义的白公馆、英国哥特式的王伯群公馆，也有西班牙风格的张学良公馆；在时尚领域，上海的时装、电影、绘画往往领风气之先，善于改良创新，勇于尝试。

　　要想上海成为具有自己特殊文化和精神品质的全球城市，应突出政府对文化的引导作用。一方面，加强短期引导。加大对文化的扶持，开展文化教育，加强文化宣传，形成城市居民人人讲文明，讲礼貌，知礼节的城市风尚。另一方面，注重长期培育。培育多元语言氛围，增进文化认同感，创造良好的交流环境。尊重草根文化，给予其发展的空间，增加城市包容性。培育城市的文化土壤，增添城市宜居、环境与趣味设计，凸显城市魅力，形成城市名片。

　　4. 生态——生态环境治理，跨区域的紧迫行动

　　（1）环境污染引发人才流失。

　　诺基亚手机研发高级副总裁德克是诺基亚在北京设立研发中心后，第一个来京工作的全球研发高级副总裁。但由于不想让家人健康受到影响，他决定任期结束后立刻离开；招聘研发专家时，17个应聘者全部拒绝来北京，15人是因为空气污染。

　　目前出版的《国际人才蓝皮书：中国国际移民报告（2014）》研究发现，从过去一年多来看，中国国内的环境问题日益成为精英和富裕阶层移民的重要原因。英国《金融时报》发表《北京污染赶跑外国人》文章，指出北京空气污染正促使外籍人士离开北京，同时也加大了企业延揽国际人才的难度。

　　（2）必须联合行动，制衡约束，环境问题才能取得实效。

　　未来长三角乃至整个长江流域应形成跨区域生态环境治理模式。城市环境是保证城市可持续发展，居民健康生活的生态基底。目前，中国的环境治理基本以行政范围为边界，治理效果不明显，环境污染问题愈发严重。只有通过跨区域的紧密合作，上海的环境问题才能得到一定的缓解。

　　未来政府迫切需要推进跨区域综合治理新模式。目前，已有部分区域在开展

跨区域综合治理工作，但仅仅是少部分区域合作，取得的成果有限。未来中央政府应该推进长江三角洲地区跨区域环境治理工作，打破地方政府各自为政的局面。

5. 制度——顺应时代潮流的制度环境

全球城市的高效运转离不开科学的管理、开放的政策环境、完善的公共服务体系、很高的办事效率、公平的竞争环境。在制度环境方面，上海优于国内其他城市，但适应全球城市的制度还没建成。一方面，法治建设与公民监督体系还需进一步完善；另一方面，尚未与长江三角洲的发展形成良好的协调机制。未来上海应一方面加强正式制度建设，完善法律制度环境，走法治治国、依法行政之路。尊重市场规律，减少政府干预，善用"无形的手"，相信市场的力量。建立市民对政府行政效率的监督体制，树立良好的政府信誉。另一方面，上海也应加强非正式制度建设，鼓励民间团体参与非正式制度建设，如环保宣传、诚信教育等，培育与全球城市对接的文化环境。

1.7　上海面向未来的全球政府

1.7.1　全世界重新思考政府作用：有效的政府至关重要

1. 政府治理能力直接关系到全球城市地位提升

布鲁金斯学会（2013）认为城市领导集体的全球视野和区域合作意识将对一个大都市区的全球化产生最大的潜在影响，中央和地方政府在促进企业和城市走向全球的过程中扮演着重要且互补的角色。政府治理能力直接关系到全球城市地位提升，国家支撑对全球城市的作用日益凸显。新加坡是政府帮助城市走向全球的典范。得益于良好的城市管理，近10年来新加坡的竞争力排名仍在上升，并成为亚洲最绿的城市。同时新加坡还实行了多种多样的政策帮助城市加强与全球其他地区的联系，如吸引国际人才的政策和跨国公司总部计划。

2. 各大城市政府纷纷采取政策推动城市走向全球

纽约、伦敦、东京等全球城市纷纷采取政策措施，推动城市走向全球。

表 1.20　全球城市政府实施的政策

城　市	政　　　　　策
伦　敦	"伦敦荣耀计划"确保伦敦作为欧洲唯一的世界城市的地位，"竞争的首都：加强伦敦竞争力的政府战略"，伦敦 2030 规划《大伦敦空间发展战略》
纽　约	纽约 2030 规划《更绿色、更美好的纽约》，纽约港自贸区 21 条优惠政策
东　京	第四次《全国综合开发计划》提出将东京打造为世界城市，《东京构想 2000》，东京规划《首都圈巨型城市群规划构想》，《10 年后的东京》，建立东京"国际战略特区"
香　港	《中国香港 2030：规划远景与策略》，"优秀人才入境计划"
新加坡	多轮概念规划，人才引进政策，跨国公司总部计划，精细化城市管理
上　海	上海总体规划 2040，上海自贸区优惠政策，"十二五"上海国际金融中心建设规划
北　京	"海外人才聚集工程"，北京"十二五"国际商贸中心建设发展规划

1.7.2　上海全球城市建设是中国国家战略和上海地方行动的共同体现

全球城市建设是"国家战略"和"地方行动"的共同体现，因此需要中央政府与地方政府共同配合。

1. 上海全球城市建设是一项重要的国家战略，需要国家层面的统筹规划和推进发展

在全球城市的形成过程中，国家的作用是非常重要的。目前，许多国家对全球城市建设都相当关注和支持，其意图是利用这些城市来促使一国经济嵌入世界经济，并发挥战略性的作用。上海全球城市建设，自然也就成为一国重要的国家战略，要充分体现国家的意志，并由国家层面来统筹规划和推进发展。中央政府应明确战略定位，予以持久性支持。上海建设全球城市中构建网络平台及流量枢纽，必须实行符合国际惯例的税制、管制、法制等制度安排，而在全国范围内还不能全面调整的情况下，就需要中央授权地方先试先行，力争有所突破。

2. 国家框架之中的地方行动能力对于全球城市建设具有重要影响

地方政府能力，尤其是良好的经济政策和较强的机构能力，对于全球城市发展非常重要。其一，使政府的作用与其能力相符。首先要集中于基础性工作，并通过与工商界和市民社会达成合作关系而提高政府有限的能力。完善法律制度环

境，走法治治国、依法行政之路。尊重市场规律，减少政府干预，善用"无形的手"，相信市场的力量。建立市民对政府行政效率的监督体制，树立良好的政府信誉。其二，通过重振公共机构活力从而提高政府能力。这意味着制定有效的规则和限制措施，制约武断专横的政府行为，与顽固的腐败做斗争。鼓励民间团体参与非正式制度建设，如环保宣传、诚信教育等。

参考文献

陈向明等主编：《上海崛起——一座全球大都市中的国家战略与地方变革》，上海人民出版社2009年版。

段霞：《世界城市发展战略研究——以北京为例》，中国经济出版社2013年版。

段霞：《建设后工业形态的新型世界城市》，《北京规划建设》2010年第5期。

段霞、文魁：《基于全景观察的世界城市指标体系研究》，《中国人民大学学报》2011年第2期。

郭爱军等主编：《2030年的城市发展：全球趋势与战略规划》，上海人民出版社2012年版。

杰里米·里夫金：《第三次工业革命》，张体伟等译，中信出版社2012年版。

陆军：《世界城市判别指标体系及北京的努力方向》，《城市发展研究》2011年第4期。

陆军、王栋：《世界城市的综合判别方法及指标体系研究》，《经济社会体制比较》2011年第6期。

潘卡吉·盖马沃特：《下一波世界趋势》，中信出版社2012年版。

彼得·纽曼、安迪·索恩利：《规划世界城市：全球化与城市整治》，刘晔译，上海人民出版社2012年版。

彭羽、沈玉良：《上海、中国香港、新加坡吸引跨国公司地区总部的综合环境比较——兼论上海营造总部经济环境的对策》，《国际商务研究》2012年第4期。

齐心、张佰瑞、赵继敏：《北京世界城市指标体系的构建与测评》，《城市发展研究》2011年第4期。

萨斯基娅·沙森：《城市的专业化差异在今天的全球经济中至关紧要》，《国际城市规划》2011年第2期。

萨斯基娅·沙森：《城市：我们未来环境的核心》，《国际城市规划》2011年第2期。

沙溪德·优素福、锅岛郁：《两个龙头——给北京和上海的发展建议》，新华出版社2013年版。

世界银行：《1997年世界发展报告——变革世界中的政府》，中国财政经济出版社1997年版。

田莉等主编：《世界著名大都市规划建设与发展比较研究》，中国建筑工业出版社 2010 年版。

屠启宇：《世界城市指标体系研究的路径取向与方法拓展》，《上海经济研究》2009 年第 6 期。

王赟赟、马文军：《国际性中心城市规划建设指标体系的比较研究——以上海为例》，《城市发展研究》2009 年第 2 期。

吴殿廷等主编：《中国特色世界城市建设研究》，东南大学出版社 2013 年版。

武前波、宁越敏：《基于网络体系优势的国际城市功能升级——以上海为例》，《南京社会科学》2010 年第 8 期。

肖林：《上海迈向全球城市的战略路径》，《全球化》2013 年第 2 期。

易斌、于涛、翟国方：《城市国际化评价指标研究综述》，《经济地理》2013 年第 9 期。

赵民、李峰清、徐素：《新时期上海建设"全球城市"的态势辨析与战略选择》，《城市规划学刊》2014 年第 4 期。

周振华：《上海迈向全球城市：战略与行动》，上海人民出版社 2012 年版。

周振华：《崛起中的全球城市——理论框架及中国模式研究》，上海人民出版社 2008 年版。

周振华、程向民、黄建福主编：《世界城市——国际经验与上海发展》，上海社会科学院出版社 2004 年版。

Cohen R.B., Dear M., Scott A.J., "The New International Division of Labor", *Multinational Corporations and Urban Hierarchy*, 1981.

Castells, Manuel, *The Rise of the Network Society*, Oxford：Black-well, 1996.

Derudder B., Taylor P.J., Hoyler M., et al., Measurement and Interpretation of the Connectivity of Chinese Cities in the World City Net Work 2010, GaWC Research Bulletin 408, 2013, www.lboro.ac.uk/gawc/rb/rb408.html.

Friedmann, John, "Where We Stand：A Decade of World City Research", *World Cities in A World System*, 21—47, 1995.

Friedmann, John, "The World City Hypothesis", *Development and Change*, 17（1），69—84, 1986.

Friedmann, John and Goetz Wolff, "World City Formation：An Agenda for Research and Action", *International Journal of Urban and Regional Research*, 6.3, 309—344, 1982.

Geddes P., *Cities in Evolution*, London：Williams & Norgate, 1915.

Hall, Peter, *The World Cities*, London：Heinemann, 1966.

McDearman, Brad, Greg Clark and Joseph Parilla, The Ten Traits of Globally Fluent Metro Areas, 2013.

Sassen, Saskia, "*On concentration and centrality in the global city*", World Cities in A World System,

63—78, 1995.

Sassen, Saskia, *The Global City*: *New York*, *London*, *Tokyo*, Princeton: Princeton University Press, 1991.

Sassen, Saskia, *The Global City*: *New York*, *London*, *Tokyo*, Princeton: Princeton University Press, 2001.

Scott, Allen J. *Global City-Regions*: *Trends*, *Theory*, *Policy*, Oxford University Press, 2001.

Smith, David A., and Michael F.Timberlake, "World City Networks and Hierarchies, 1977—1997 An Empirical Analysis of Global Air Travel Links", *American Behavioral Scientist*, 44. 10, 2001.

Taylor P.J., "Exploratory Analysis of the World City Network", *Urban Studies*, 2002.

Taylor P.J., Walker D.R., Catalano G, et al., "Specification of the world city networks", *Cities*, 2002（4）.

Taylor, Peter. Derudder B., Hoyler M., et al., "City-dyad Analyses of China's integration into the World City Network", *Urban Studies*, 6, 2013.

2 上海城市发展远景展望与评价指标体系研究

上海市统计局科研所课题组 *

基于战略研究方法，城市远景展望研究应是立足分析，规划未来，既要充满想象力地对未来发展趋势做出分析，又要避免简单地"预见"未来。因此，需要把未来30年全球城市发展目标视为因变量，寻找能刻画全球城市特征及能对全球城市发展造成影响的关键因素，进而明确提出评价指标体系。

2.1 未来30年全球城市关键要素识别

如果把未来30年全球城市发展的战略目标视为因变量，自变量就是能刻画全球城市特征及能对全球城市发展造成影响的一些因素。基于战略研究范式，可通过挖掘全球城市理论、城市战略研究、城市规划和城市竞争力分析的相关成果，从碎片化信息中识别出未来全球城市的关键要素。

2.1.1 全球城市理论维度

1. 早期全球城市理论

早在1889年，德国学者Goethe就用"世界城市"一词来描述当时的罗马和巴黎。1915年英国区域规划大师Geddes明确提出了世界城市概念，即那些在世界商业活动中占有重要地位的城市（表2.1）。1966年Hall用范围的大小和强度两个概念来衡量城市的功能，从政治、贸易、通信设施、金融、文化、技术和高

---

* 课题负责人：严军；课题组成员：秦丽萍、朱国众、张凤、周群艳。

等教育等多个方面对伦敦、巴黎、纽约、东京等城市进行综合研究，认为世界城市基本是工业资本主义经济体系发展的产物。

表2.1　全球城市理论的关键要素

全球城市理论	关　键　要　素
早期理论：主要立足于经济实力，世界城市是工业经济发展的产物	
Goethe（1889）	用世界城市描述罗马和巴黎
Geddes（1915）	在世界商业活动中占有重要地位
Hall（1966）	世界城市基本是工业经济发展的产物
经典理论：主要立足于经济全球化，世界城市是跨国公司运作的产物	
Hymer（1972）	跨国公司总部倾向集中在世界城市
Conhen（1981）	跨国公司主导的新国际劳动分工
Fridemann（1986）	全球经济中枢或组织节点；国际资本汇集地；国内国际移民目的地；巨大的城市群；经济社会协同发展；技术创新、政治变革等因素
Sassen（1991）	世界经济控制中心；金融及专业服务业供给地；主导产业生产地；引领全球产品及创新消费
现代理论：主要立足于信息化，世界城市是信息化和全球化交织的产物	
Castells（1996）	基于信息化的"流动空间"，包括全球资本、交通通信、国际投资、市场信息、文化商品和熟练技术的劳动力的流动
GaGc（1995）	更加重视城市间的"关系"，生产者服务部门公司的办公点信息交流是全球城市网络的核心
未来理论：主要立足于连通性，世界城市是城市网络化发展的产物	
Yeung, Olds（2004）	与外部有高度关联性，内部特征与城市网络化发展要求一致

2. 经典全球城市理论

1972年Hymer开拓性地将跨国公司引入全球城市研究。他认为在联系日益紧密的全球经济中，跨国公司总部往往倾向于集中在世界主要城市。因此，可以采用跨国公司总部落户数量的指标来衡量城市的重要性和地位。1981年Conhen开始真正将世界经济变化与城市研究直接联系起来，发现经济全球化导致了新的国际劳动分工，新的国际劳动分工的协调和控制中心就是全球城市。

立足于新国际劳动分工研究，全球城市理论研究得到全面发展。1986年

Friedmannn 认为现在意义上的全球城市是全球经济系统的中枢或组织节点，是全球资本用来组织和协调生产和市场的基点，是国际资本汇集的主要地点，是大量国内和国际移民的目的地，集中控制和指挥世界经济的各种战略性功能，并体现在生产和就业结构及活力上。1995 年 Friedmann 继续总结出全球城市的五大特征：（1）世界城市是全球经济体系的连接点，各区域经济通过世界城市连接而成为一个有机整体。（2）世界城市是全球资本的汇集地。（3）世界城市包括范围较为广阔的城市地带，世界城市的经济与社会互动程度非常高。（4）控制全球资本的能力最终决定世界城市的等级，技术创新、政治变革等也对城市等级有重要影响。（5）世界城市具有国际包容性的文化和消费主义的意识形态。

1991 年 Sassen 提出，伴随着全球向服务业和金融业转移的经济结构转型，全球城市不仅仅是协调过程的节点，更是专业化服务的供给基地，这种专业化服务是跨国公司总部用来管理地域分散的工厂、办公室和服务代销商等网络所必需的。他们也是金融创新产品和市场要素的生产基地，这些对金融产业的国际化和扩张都至关重要。她强调全球城市要具备四个基本特征：（1）高度集中化的世界经济控制中心；（2）金融及专业服务业的主要所在地；（3）包括创新生产在内的主导产业生产场所；（4）作为产品和创新的市场。

3. 现代全球城市理论

20 世纪末，全球城市研究经历了一次重要的研究范式的转型，由全球城市等级体系论转向基于网络联系的全球城市研究，相应的全球城市的识别指标也从反映城市内部组织构造及其属性的指标，转向反映城市在全球城市网络中的相互联系与影响的指标。1996 年 Castells 认为，信息技术的发展使世界城市研究从传统的静态空间延展到以信息流为主要特征的动态空间，提出"流动空间"理论。新技术革命使"信息"成为所有社会过程和社会组织的原材料，包括金融、保险、营销等先进服务业都可以简化为知识生产和信息流动。世界城市就是这样一个流动空间、一个过程，一个对世界范围内"最具有直接影响力"的"节点和网络中心"。该理论指出，城市不是依靠它拥有的东西，而是通过流经它的东西来获得和积累财富、控制和权力。英国政府伦敦事务部曾开展研究表明，大量信息活动主要集中金融与商务服务、管理与控制、创意产业和文化产业、旅游等四个领域。Appadurai 提出五种主要流动类别：（1）科技方面，由跨国公司、国际性组织和政府机构的技术的、软件和设备的传播流动所产生；（2）金融方面，由快速的资本、货币和证券流动所产生；（3）传媒方面，由媒体、电视、电影、互联网等渠道的信息流动所产生；（4）观念方面，由观念构想的传播所产生；（5）商品方面，由产品和服务的流动所产生。

1995 年，英国 Loughborough 大学地理系学者所组成的世界城市研究小组（GaWC），对全球城市网络的定量划分，做出了最具系统性的探索。研究小组认为，经典的全球城市理论研究偏重于其所具有的特征，充其量仅是一种静态的讨论方法。如果要深入掌握全球城市的本质，应该更着重于城市间的"关系"层面的分析。研究者认为全球城市网络由物理性和非物理性的关系所构成，前者包括交通、通讯等基础设施网络；后者包括交易、交流、组织等社会网络。毫无疑问，基础设施网络对支撑全球城市网络不仅非常重要，而且是必需的，但更需要强调社会网络。研究者发现，在全球化和信息化交互作用下，跨国公司和全球服务公司是全球城市网络社会网络形成的主要行动单位。其中，跨国公司主要反映总部的"控制和管理"功能；全球服务公司则体现先进生产者服务部门的公司办公点之间的信息、知识、战略、计划、人员等方面的流动。

4. 未来全球城市理论

随着发展中国家主要大城市迅速成长为区域中心以及全球经济体系中的重要节点，全球城市学者们开始研究全球城市出现在发展中国家和转型经济体的可能性。Yeung 和 Olds 首先提出"崛起中的全球城市"（globalising cities）概念，并将其纳入全球城市体系中加以研究。研究者认为崛起中的全球城市是指那些已经具备相应基础条件，并正朝着全球城市方向发展的全球化城市。强调崛起中的全球城市首先必须是一个全球化城市，基于全球城市网络体系与其他城市形成相互连接。即研究者认为未来全球城市的特征主要表现在与其他城市广泛而密集的相互作用上，过去基于经济实力、竞争力等标准对城市地位进行静态排位的方法已经远远不够，需要通过观察城市节点之间的流动来分析其相互作用。未来全球城市将既不由其劳动力、企业行业及产业结构等内部特征决定，也不由其实现的协调、服务、控制、监督等功能来决定，而是由城市在全球"流动空间的"的战略地位决定的。因此，必须从全球城市网络节点之间流动的角度，围绕全球连通性这一核心要素来分析未来全球城市的特征，即未来全球城市是外向型城市，以国际化为导向；是全球网络节点城市，与外部有高度的关联性。

固然强调未来全球城市的外部相互依赖性和流动性特点，但并不是否定其内部特征，或将两者截然分开，而是要求未来全球城市具备适应网络化要求的内部属性，即揭示未来全球城市需要从城市外部连接的网络特征着手，进而分析与其相一致的内部特征。主流全球城市研究已对全球城市的内部特征进行了大量研究，归结起来就是具有高度集中的国际性活动，支撑国际性活动的基础是各类全球性公司和国际性组织机构，表现出全球性市场集聚、高级商务服务聚集、大公司总部集聚、商业协会集聚、NGO（非政府组织）和IGO（跨政府组织）集聚、国际媒体组织集聚、信息和文化产业集聚等。与此同时，当前全球城市展现出来的主要是通过资本流动、跨国公司总部和全球公司以及全球生产者服务主导和控制全球经济的功能，是全球生产中心、交通和通信中心、研发中心和消费中心；未来全球城市在非经济功能方面也将值得关注，如政治、文化、教育和知识生产等功能估计也是全球化影响的必不可少的因素。

综上，未来全球城市将整体依然基于全球化和信息化，但需要从关注城市内部发展特征转向进入全球城市网络，成为全球城市网络中的重要节点。未来全球城市与外部高度关联，内部属性与网络化要求相一致，城市的非经济功能成为重要影响因素。未来全球城市在经济功能的基础上，非经济功能将会逐步增强，这些功能将通过城市内部属性与城市外部网络化的一致性得到体现，内部属性主要表现为城市的国际活动集中性和国际化发展导向，网络化发展主要表现为城市进入全球城市网络节点，具有高度的外部关联性。

2.1.2 未来战略研究维度

过去几十年，全球经济、社会、科技发生了翻天覆地的变化。为了推动全球各区域更好更快的发展，世界一些知名研究机构纷纷预测未来几十年全球资源、环境、人口和经济发展态势，制定区域战略规划以应对未来可能的挑战。因此，可借助这些未来战略研究识别决定未来全球经济社会变化的核心因素。

1. 消费模式核心

在《2052：未来 40 年的中国与世界》的战略研究中，作者兰德斯教授主要基于系统动态经济学分析方法，通过对具有因果关系的一系列全球趋势进行判断，从而构建起未来 40 年世界变化的大致图景。传统经济学认为世界长期处于均衡状态，而系统经济学认为世界是非均衡的，整个世界正在不断的从一边倒向另一边，在探求着下一个均衡。因此，兰德斯把预测未来的核心定为"未来 40 年，全球消费模式会有什么变化"，进而提出了对人类行为的反思，提倡全人类应尽快脱离思维定势，为可持续发展积极行动起来。立足于消费模式，兰德斯认为决定世界未来的主要是人口、消费、能源、温室气体、粮食、生态足迹、非物质未来、时代精神等因素，在具体指标设置上重视人口数量、经济增长、消费水平、能源消耗、资源开发、气候变化、污染物排放等方面的评价。

2. 意识形态核心

《2030 全球战略预测》是俄罗斯重要研究机构——俄罗斯科学院世界经济与国际关系研究所的研究成果。报告认为未来世界可从意识形态、经济增长、社会领域、国家安全体系以及国家和地区主要挑战等五个方面进行剖析。主要从世界格局、意识形态、文化等多角度预测了未来世界发展大趋势，认为未来 20 年世界发展演进中将不会出过往 20 年间较为典型的剧变和震荡，世界经济将不再遭受能源短缺的困扰，世界经济发展的主要动力为创新和全球化；以市场经济和民主为基础的全球化意识形态将维持其世界主导思想体系的地位，意识形态将更频繁地与全球的政治、社会经济和文化发展趋势相关联；世界大国在维护世界和平方面相互协作的趋势将压倒相互对抗的趋势。

3. 情景模式核心

从 1996 年开始，美国国家情报委员会就开始推出《全球趋势》报告，关注未来 15—20 年全球经济、政治、社会、安全重大发展趋势。此后每四年发布一份报告，预测未来全球趋势。《全球趋势 2030：变换的世界》是美国国家情报委员会推出《全球趋势》系列报告的第五份。报告提出未来世界主要会出现个人能力的增长、权力的扩散、人口状况发生巨变、食物和水与能源关联日甚等四大趋势。同时会持续发生一些改变全球的因素，如经济危机、全球治理、冲突、地区动荡、技术进步、美国角色等。因此，未来全球或可能出现四种演进态势——非国家的世界、大分化的世界、大融合的世界、大停滞的世界。

4.远景展望核心

在过去的半个多世纪里，亚洲的快速崛起已经成为近代经济发展最成功的传奇之一，但亚洲的多样性和复杂性，使亚洲在未来将面临更多的挑战。为了战胜这些困难，亚洲开发银行主持了《亚洲2050年：实现"亚洲世纪"》的课题研究。展望2050年，实现"亚洲世纪"的大背景是亚洲重新崛起和全球化红利，路径是包容性增长、金融改革、城市化、节能及能源安全、应对气候变化、创新和技术进步、治理和制度改革、区域合作和一体化等战略驱动力。同时要防范国家间不公平、中等收入陷阱、自然资源竞争、国家发展差异、气候变化、治理和制度能力、国际冲突等风险因素。在指标设计上，应重视人口结构、贸易水平、金融状况、基础设施、科技教育、社会发展、城市治理等方面的远景展望。

5.竞争战略核心

《"美国2050"空间战略规划》的首要目标在于为美国识别和构建10个乃至更多的大都市圈，因为投资于大都市能够最大化地提升美国的竞争力和给予社会人员更多的发展机遇，从而提升在全球经济中的竞争力和生活适宜水平。报告对未来一些关键因素做出了基本判断，认为会出现新的贸易格局、人口快速增长和结构显著变化、区域间和区域内的不均衡发展、能源危机和全球气候变化、大都市地区基础设施系统容量区域饱和等趋势性变化。因此，未来发展需要构建起网络化的交通通信系统，创造均等的经济和社会机会，最终实现竞争力的提升。

综上，基于各自的出发点，这些战略研究对未来的大趋势判断建立在不同的核心思维模式上，但在要素识别上却有一定的共性，均主要从经济发展、区域格局、资源环境、意识形态、国际安全等方面切入，仅是各有侧重。同时认为未来全球经济发展动力主要来自技术创新、投资、全球化、通信革命、中产阶级崛起、城市化等发展要素的推动。当然，各战略研究均关注到战略风险，如《2052：未来40年的中国与世界》认为未来战略风险主要是代际冲突和气候变化；《2030全球战略预测》认为未来战略风险是金融危机、跨国公司与主权国家的矛盾、社会等级加剧、国际治理格局、国际安全体系等；《全球趋势2030：变换的世界》认为未来战略风险是金融危机、发展中国家中等收入陷阱、多变治理举步维艰、国际国内冲突等;《亚洲 2050 年:实现"亚洲世纪"》认为未来战略风险是金融危机、中等收入陷阱、治理和制度能力低下、国际冲突和不公平、气候变化和自然资源竞争等;《"美国 2050"空间战略规划》则认为未来战略风险是能源危机和气候变化、低效的土地利用模式、基础设施体系容量饱和等。

2.1.3 城市战略规划维度

进入 21 世纪,全球化、信息化、网络化深入发展,趁势发展面临新的机遇和挑战。全球城市网络加速形成,竞争合作格局发生深刻变化,城市在国家和地区发展中的作用进一步凸显。面对新的发展形势,处于不同发展阶段、具备不同要素条件的全球城市掀起制定中长期战略规划的热潮。愿景目标是城市未来发展的核心价值追求,也是城市转型升级的战略导引。因此,通过城市规划愿景目标能较好地识别出全球城市发展趋势。

1. 建设国际性、主导性的城市

一是世界主导城市。伦敦规划愿景是发展为一个典范的、可持续的世界城市;东京规划专心致力于实现首都的再生,愿景规划着眼于打造可以引领日本经济再度崛起的国际竞争力,成为世界最大的首都、与国家竞争实力相当的世界主导城市。二是国际性城市。法兰克福着力发展服务制造并进的多元经济结构,成为国际化特色显著的金融、经济和博览中心;新加坡强调首创精神,注重对企业需求做出灵活及时的响应,同时支持高附加值产业发展,力争将新加坡打造成一个国际商业中心城市;台北致力于建设国际互动的台北,大力提高国际知名度,提供国际标准的城市生活环境及设施,创造国际化的文化环境,发展国际化的商业投资环境。三是区域中心城市。里约热内卢希望成为南半球最出色的城市,通过举办重大赛事、国际论坛和研讨会,成为"金砖国家"的重要平台,进而成为国际舞台上的重要政治中心和文化中心。

2. 建设生活性、宜居性的城市

绿色、生态、低碳是城市的重要规划目标。纽约试图消除人口增长、基础设施老化、环境污染、气候变暖等的威胁,即建设更绿、更美好的纽约。伦敦提出建设一个绿色城市，使伦敦成为更具吸引力、绿色环保、宜居的城市。东京试图利用最先进的节能技术，打造成为世界上环境负荷最小的城市。新加坡继续确保高质量的生活，将为每个人提供多样性的住房选择，提供更多开放绿地和娱乐休闲选择。首尔计划实现从建筑、城市规划、交通到日常生活的全方位绿色创新，使首尔成为具有世界领先的绿色竞争力。

3. 建设包容性、公平性的城市

伦敦立足建成一个以人为本的城市、一个公平的城市，将更促进社会融合，重点解决贫困和种族歧视。东京建设"只要有意愿，人人都可以挑战"的机会城市，培养孩子们担负未来的能力，为有意愿在东京挑战的人提供各种机会。首尔围绕"以人为本"，将使人们通过绿色就业岗位获得更高的收入。香港基于绿色清洁的环境、良好的美学观念、便捷的交通、舒适的空间感、多元化的选择、地方认同和包容互爱的社会等，目标是打造称心如意的生活空间。

4. 建设便捷性、连通性的城市

几乎所有全球城市都把便捷性作为城市发展的主要目标之一。其中，伦敦提出建设一个便捷的城市，着力提高伦敦的可达性。法兰克福规划认为城市的经济实力立足于当地驻扎公司和机构的国际联网，为此将通过加强国际联网进一步推进网络型城市建设。台北高度注重信息网络，建立高效的市政服务。墨尔本提出建设更加紧凑的城市，更好地控制大都市区增长，形成区域性城市网络。

5. 建设安全性、适应性的城市

东京采用最先进的防恐技术，以提高东京的信誉度和安全性，打造一座具备强大危机抵御能力的城市。首尔针对气候影响，如热浪、水资源短缺、传染性疾病等，改善城市应急管理。台北提出建设安康便捷的城市，重点加强城市发展管理、维护家庭生活的舒适和安全、落实全方位的防灾体系、加强道路及交通管理等。

6. 建设人文性、活力性的城市

巴黎为确保21世纪的全球吸引力，提出要保护良好的自然空间和生存环境，充分利用巴黎岛及艺术特区所赋予的文化生活氛围和宝贵文化遗产。东京提出创建活力东京，与东亚各个城市携手合作加快产业领域的技术革新，传播和提供先进的环境政策，增进文化艺术体育国际交流，构建青少年和体育活动之间的良性联系，实现活力发展。墨尔本为打造充满活力的城市，加强城市规划设计，做到环境建设与社区建设相结合，以提供优质的建筑形态，保护文化认同感和社区归属感，新成立一批富有吸引力、风格多样的社区。

7. 建设创新性、智力性的城市

东京规划提出科技的东京和人才的东京。科技方面将利用包括节能技术、医疗技术、机器人技术、资讯技术、耐震技术等在内的先进的尖端科技来开拓未来；人才方面提出要成为企业、大学、研究机构等多样化人才的集聚地。法兰克福提出要大力发展生物技术、金融服务、通信技术及贸易、物流和交通管理等多种先进技术，力争成为崛起的创新经济中心。首尔提出重点发展十大绿色技术，研发包括新一代氢燃料电池、太阳光电电池、IT 电力（如智能电网）、绿色建筑、LED 照明、绿色 IT、绿色汽车、城市环境恢复、废物回收利用、气候变化适应等技术。

综上，全球城市未来战略规划出发点虽然不仅相同，但均是追求功能的多样性。在国际导向的基础上，所有城市都高度重视城市的便捷性和连通性，重点关注城市的公平、生态、宜居，要求城市实现人文、活力、创新的综合体（见表 2.2）。因此，提升城市生活性，或许成为全球城市未来发展的主流价值取向之一。

表2.2　主要城市规划愿景目标

愿景目标	城　　　　　市	城市数
国际性与主导性	伦敦、东京、台北、法兰克福、新加坡、里约热内卢、约翰内斯堡	7 个
生活性与宜居性	纽约、伦敦、东京、新加坡、台北、里约热内卢、首尔	7 个
包容性和公平性	伦敦、东京、首尔、约翰内斯堡、香港、里约热内卢、墨尔本	7 个
便捷性与连通性	纽约、伦敦、东京、巴黎、香港、新加坡、首尔、墨尔本、法兰克福、里约热内卢、约翰内斯堡、台北	12 个
安全性与适应性	东京、首尔、台北	3 个
人文性与活力性	东京、台北、巴黎、墨尔本	4 个
创新性与智力性	东京、法兰克福、首尔	3 个

2.1.4 城市发展竞争维度

城市是区域发展的核心,区域变化越来越表现为城市发展。城市竞争力越来越成为人们关注的重大问题,不仅使其研究成为国内外的重要热点,且研究内容不断深化和扩展。其中,城市竞争力的评估成为理论研究尤其是实际部门关注的核心问题。因此,希望通过剖析目前国际上比较有影响的研究机构所作的城市竞争力评估研究,重点分析评价指标体系,为识别全球城市评价维度提供借鉴。

1. 综合性评价指标体系

一是环境竞争力思路。2000 年,世界银行的城市小组委托斯坦福大学完成一项发展中国家城市区域竞争力评估报告。竞争力评估主要聚焦于地方控制和严重影响因素。根据这一思路,将城市竞争里评估指标分成经济结构、区域禀赋、人力资源、制度环境等四类。经济结构包括产业结构、经济多样性、产业集群等;区域禀赋包括区位、基础设施、自然资源、气候环境、生活和营商成本及城市形象等要素;人力资源涉及劳动力技术水平、可得性及成本;制度环境主要有商业文化、政策框架、社会网络、治理能力等。该评价体系主要全面考虑外部因素和整体环境,没有对城市内在素质进行评价。

二是增长竞争力思路。2004 年,世界经济论坛运用和修正国家经济增长竞争力的框架,提出经济增长竞争力的概念,并首次尝试对城市竞争力进行测评。经济增长竞争力指数由三大项组成:宏观经济环境、公共部门质量和科技创新。宏观经济环境主要包括政府财政平衡、经济景气预期、物价水平、汇率等指标;公共部门质量包括合约与法规、腐败等内容;科技创新包括创新与技术转让、信息通信技术、信息通信技术相关法规等要素。该指标体系列出了对城市竞争力有关键意义的指标,特别是技术创新和公共部门管理等方面的内容,但指标体系仍不够完善,很多影响城市竞争力指标没有纳入评价体系,如基础设施、教育水平等。

2. 发达国家城市评价指标体系

2002 年,美国萨福克大学皮肯希尔研究所开始发布《美国大都市区和州的竞争力报告》。该报告从解释的角度将影响大都市的主要因素归纳为 8 个部分,即政府与财政政策、公共安全、基础设施、人力资源、技术、商业氛围、对外开放和环境政策。研究者认为，最可能吸引商务投资的是适当的税率和清晰的金融法规。一个城市如果政府可信、犯罪率低，将会更具吸引力；高水平劳动参与率便于雇用到报酬不高但受到良好教育、身体健康的技术性劳动者；技术发展和应用是经济发展的关键；商业氛围包括创新的思想、金融系统等；对外开放的经济是更有竞争力和更具效率的，反映在人流和产品流上。

2002 年起，英国副首相办公室组织成立一个由多个学科背景的专家组成的"核心城市工作小组"，每年发布一个城市竞争力报告。在分析竞争力时，将城市竞争力分成投入、产出和最后的结果，进而构建一个城市竞争力的产出与结果的评价指标体系，即包括人口状况、生产率、就业规模及结构、人力资本、失业状况、对外联系、创新等。关于决定城市竞争力的因素，小组还认为是经济多样性、人力资本、内外联系、战略决策能力、创新能力、生活质量，但没有建立相应的评价指标体系。

3. 研究机构城市评价指标体系

科尼尔公司推出全球化城市评价指标体系。认为全球化是世界经济、社会和文化的日益整合，是经济和文化的去国家化，是权力和影响力由国家向全球市场和全球风尚发源地转移的过程。这是一个由跨国界技术驱动的演进过程，是一个以财富、商品、人才、理念和岗位移动为象征的变化过程。全球化与速度密切相关——沟通的速度、交易的速度，以及人才与资本迁移的速度。地域临近性已不再是必要条件，"流动空间"取代"地理空间"。

全球化城市是全球化时代的接口，不但开展全球经济，还能影响全球经济未来走势；是重点决策所在地，是最新资讯汇集地；能同时兼备传统韵味和新兴潮流。全球化城市与其他城市的联系程度远多于非全球化城市，来自各个全球化城市的居民在此对话，并在世界范围内开展商业活动。全球化城市是国家金融中心和商业中心，是高端人才汇聚地，是信息交流、文化体验和政策制定的场所。

因此，科尼尔公司全球化城市评价指标体系包含商业活动、人力资本、信息交流、文化体验、政治参与等 5 个方面内容。商业活动主要综合考虑城市的资本市场价值、拥有全球财富 500 强企业总部数量、在该市召开的国际会议次数、商品流通量以及流经该城市的商品数量。人力资本主要衡量城市吸引多元化民族与人才的能力，包括城市外来移民数量、大学院校的质量、国际学校和国际学生的数量以及拥有大学文凭的人口百分比。信息交流主要衡量的是内部新闻和信息传播以及如何传播到世界各地，这取决于国际新闻办公室的数量、新闻审查的程度、当地领先报纸上国际新闻的数量以及宽带用户的比例。文化体验主要衡量城市对于国际居民或旅游者的吸引力。包括城市举办大型体育赛事的次数、拥有博物馆、表演艺术馆、多元化的美食场所及同友好城市关系的维系。政治参与主要衡量城是如何影响全球政策制定以及政治对话的，可以通过对比大使馆、领事馆、主要智囊团、国际组织和该市与国家组织相关的本地机构数量以及主办政治会议的次数来确定。

综上，可以发现决定城市竞争力关键可分为 7 大类：三类主体——政府、企业、居民；三种要素——经济发展、资源禀赋、科技创新；一大特征——全球化程度（内外联系程度）。因此，要想科学设计一座城市的长远发展战略，必须充分考虑政府、企业和居民等关键利益相关方的期望和诉求。通过发挥资源禀赋优势和科技创新潜力，推动城市经济发展，解决困扰利益相关方和制约城市发展的生态恶化、交通拥堵等"城市病"。当然，所有城市发展都离不开全球化普遍联系，只有准确定位自身在全球价值链分工和布局中的地位，加强与周边区域和全球市场的紧密联系，才能体现节点城市的作用，提升自身在城市网络中的竞争力。

2.2　未来 30 年全球城市评价框架和指标体系

2.2.1　未来 30 年全球城市评价框架

从全球城市关键识别要素出发，未来 30 年全球城市将整体依然基于全球化和信息化，但需要从关注城市内部特征转向重视全球城市网络，全球城市必然是全球城市网络中的重要节点。未来全球城市与外部高度关联，内部特征与网络化要求相一致，城市的非经济功能将成为重要因素。未来全球城市的评价核心是在内部特征和外部网络协调一致的约束下，从评价维度和指标层面，对内部特征和外部网络进行具象化（见图 2.1）。内部特征主要是全球城市功能发展的要求，集中表现在经济、社会、政治、文化、生态等方面；外部网络体现城市在全球化和信息化过程中的重要性，集中表现为连通性、集中性、外向性、自主性和流量性。因此，未来全球城市发展逻辑仍然是基于城市实力和功能优势，以确保城市拥有全球领导力，成为其他因素发挥作用的基础。同时建设更高专业化水平和更强的适应能力，进而使城市发展具有自主性和连通性，最终具备引人注目的全球身份。

纽约、伦敦、东京、香港、台北等城市均已编制了 2030 年城市发展战略规划。这些城市的战略规划出发点虽然不尽相同，但均是追求功能的多样性。在追求国际性和主导性的基础上，所有城市都高度重视城市的便捷性和连通性，重点关注城市的公平、包容、生活、宜居，要求城市成为人文、活力、创新、智力的综合体，从而使城市在未来具有更强的适应性。因此，结合未来 30 年全球城市的评价框架，可挖掘出反映未来全球城市内部特征与外部网络相适应的评价维度（见图 2.1）。

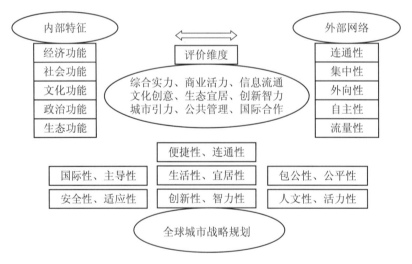

图 2.1　未来 30 年全球城市评价框架

综合实力：是城市发挥枢纽功能和发展成为全球城市的基础，需要从连通性和集中性来解析未来全球城市的经济功能，充分体现未来全球城市的国际性和主导性。当然，不同城市发展属性和功能存在显著差异，未来全球城市可以划分为世界性、区域性和特色性。例如，就当前全球城市的综合实力而言，纽约、伦敦、东京是世界性；香港和新加坡是区域性；法兰克福则是国际化特色显著的金融中心和博览中心。

商业活力：全球信息化、互联网、移动终端的快速发展，推动全球商业模式重构，新商业模式成为全球产业链和价值链重塑的中心力量。因此，未来全球城市必须构建起基于信息化发展的新商业模式，才能在全球化城市网络中占据重要的节点位置，才能有更好的连通性和外向性，进而成为全球主要商品和服务的流经地。

信息流通：在信息化与大数据交织的时代，信息已经成为与资本、人力等相提并论的生产资料。因此，未来全球城市必须具备畅通的内部信息传播，及在全球城市网络中有流畅的信息交互节点。与此同时，信息流通更是未来全球城市发挥城市影响力和吸引力的重要基础，能提升城市的人文性、活力性、生活性、创新性、适应性、公平性等。

文化创意：《城市发展史》一书认为，我们最后终于能理解历史性大都市的积极功能，就是把世界团结合作的文化资源传递到最小的城市单位去。纽约前市长朱利安尼强调，最伟大和最成功的城市一直是那些艺术繁荣和发展的城市，用来定义未来一代的是创造出来的音乐、喜剧、舞蹈、绘画、雕塑、建筑，哲学家、诗人、小说家、历史学家的著作影响未来一代人。因此，未来全球城市必然是文化之都。

生态宜居：低碳化将与全球化、信息化一道成为未来全球演变趋势之一，城市发展需要从建筑、规划、交通到居民日常生活进行全方位的绿色创新，打造城市绿色竞争力。因此，未来全球城市必须正视环境污染、气候变暖、人口增长等威胁，能为每个人提供可实现的多样化的住房选择，提供更多的绿色空间和休闲生活方式选择。

创新智力：世界正在经历一场不断加速的技术革命，涵盖了生物、纳米、材料、新能源及信息等技术领域。这要求未来全球城市具备相应的技术获取和实施能力，以保持竞争优势。但也应注意到，全球城市具备良好的技术获取和实施能力，并不必然要求城市首先是技术原创中心，而是应该成为新技术大规模应用的前沿，能及时享受到"技术革命红利"。

城市引力：随着全球范围内贫困人口的逐渐减少和中产阶层的不断壮大，优质教育普及，新型通信方式、智能技术及医疗保障的提高，将会使个人力量得到加强，公民将会追求更大的个人发展空间。因此，这要求未来全球城市更加重视"以人为本"，促进社会融合，激励每个城市居民去追求梦想，最终建成一个包容性和公平性的城市。

公共管理：历史经验表明，全球城市建设离不开高质量的公共政府及倾斜性的公共政策支持。未来全球城市发展仍需要公共治理的进一步完善。与此同时，未来30年，全球经济社会将会出现一些重要的解构和重构事件，从而重塑世界格局和发展模式，这就需要全球城市具备较高的适应性。而城市的适应性在很大程度上受政府的公共战略影响。

国际合作：全球城市发展具有较强的竞争性，顶级全球城市甚至会出现替代性。因此，随着新兴市场经济体的崛起，势必导致全球城市网络的重构，许多崛起中的全球城市将会通过挑战和竞争来确立在全球城市网络节点中的地位。因此，未来全球城市既是基于连通性的共生体，也是国际竞争对手。

2.2.2 未来30年全球城市评价指标体系

1. 指标构建原则

（1）确定和风险相结合。评价体系在充分衡量确定性指标的基础上，也要对不确定性指标进行充分研究，通过多情景模式展望未来。

（2）类比与突破相结合。构建未来30年全球城市评价指标体系，肯定需要参考纽约、伦敦、东京等城市的发展现实，提炼出全球城市发展的一般性要素。但也应充分预期到未来城市发展的新变化，如未来城市面临更强的连通性和流量性要求，成为全球城市的历程将更为复杂多样。

（3）全面与多样相结合。未来全球城市不仅是经济的，在创新、文化、时尚、创意等方面也都要有重大影响力，全球城市评价要具备全面性。然而，未来全球城市发展又应充满动态性和特征性，指标选择要充分考虑未来世界发展的解构与重构。

（4）追赶与超越相结合。崛起中的全球城市，正快速拉近与纽约、伦敦、香港、新加坡等全球城市的距离。然而，随着后发优势的逐步丧失，未来30年崛起中的全球城市，将不能仅仅复制这些城市的发展路径，而是在一定程度上与它们形成竞争，重构全球城市网络。

因此，从全球城市评价框架和评价维度出发，构建起未来全球城市评价指标体系，指标体系共包括9个维度，每个维度有4个评价指标，共36个指标（见表2.3）。同时，每个指标均对应一个或多个全球城市外部网络特性。

表 2.3　未来 30 年全球城市评价指标体系

	评价维度	评 价 指 标	外部网络特性
全球城市评价体系	综合实力	劳动生产率	集中性
		跨国公司总部数	连通性、集中性
		利率衍生品交易量占全球的比重	连通性、流量性、自主性
		生产者服务业占服务业的比重	连通性、外向性、自主性
	商业活力	营商便利指数	集中性
		每十万人商业企业数	自主性
		国际会展数	连通性、外向性
		商品期货交易量占全球的比重	连通性、流量性、自主性
	信息流通	每年新增数据规模	流量性、自主性
		当地主要媒体上国际新闻数量	连通性、外向性
		国际新闻办公室的数量	连通性、外向性
		国际宽带速率	连通性、流量性
	文化创意	青年艺术城市	连通性、集中性
		文化设施数	自主性
		国际文化交流场次数	连通性、流量性
		永久性国际居民	连通性、外向性
	生态宜居	PM2.5 浓度	集中性
		通勤痛苦指数	集中性
		商业直航目的地数	连通性、流量性
		居民年均用电量	自主性

评价维度		评 价 指 标	外部网络特性
全球城市评价体系	创新智力	知识产权保护强度	自主性
		非本地居民专利申请比重	连通性、流量性
		全球 500 强大学数量	自主性、外向性、集中性
		R@D 投入相当于 GDP 的比例	自主性
	城市引力	国际旅游人数	连通性、集中性
		全球票房 100 强影片出现次数	连通性、外向性、自主性
		城市品牌指数	自主性
		房价收入比	集中性
	公共管理	合法权益保护强度	自主性
		企业税负	外向性、连通性
		政府债务与财政收入的比例	自主性
		社会组织数	连通性、外向性
	国际合作	城市群网络指数	连通性、外向性
		国际机构数量	连通性、集中性
		政府及非营利性机构的国际交流项目数	连通性、外向性
		国际性会议次数	连通性、外向性

2. 指标体系解释

从综合实力看：劳动生产率主要反映城市经济发展能级，是城市集聚全球资源的基础；跨国公司总部数能集中体现城市的外部连通性和配置资源能力；利率衍生品交易量占全球的比重能同时反映城市在国际金融体系中"量"和"质"的地位，如金融产品定价权；生产者服务业占服务业的比重主要衡量城市作为全球城市网络的枢纽节点重要程度。

从商业活力看：营商便利指数是从国际视角反映城市的商业环境竞争力；每十万人商业企业数主要体现城市商业网络的密度，在很大程度上是商业模式变革的基础力量；国际会展数体现商业发展的国际性和领先性，成为国际性新品发布的首发城市；商品期货交易量占全球的比重主要体现城市在国际大宗商品市场的主导地位。

从信息流通看：每年新增数据规模是从数据生产反映城市的信息集散能力；当地主要媒体上国际新闻数量和国际新闻办公室的数量主要体现城市与外部的信息交流程度；国际宽带速率是体现居民自主获取国际信息的渠道。

从文化创意看：青年艺术城市能充分反映城市文化活力和生命力，及对国际青年人才的吸引力；文化设施主要体现城市的文化沉淀及居民对文化艺术的可参与程度；国际文化交流场次数和永久性国际居民主要体现城市文化的国际性和包容性，进而成为普遍接受的价值理念。

从生态宜居看：PM2.5浓度和通勤痛苦指数主要体现城市的宜居性和生活性，是城市吸引国际居民的重要基础；商业直航目的地数主要体现城市的通达程度，能为高端商务人士提供便利的出行条件；居民年均用电量能反映城市居民的生活方式，及该生活方式是否具备国际吸引力。

从创新智力看：知识产权保护强度是城市激励自主创新的核心要素，是城市获取新技术的保证；非本地居民专利申请比重能体现城市集聚全球创新和智力资源的能力；全球500强大学数量和R&D投入相当于GDP的比例能很好地体现城市拥有的创新智力资源，确保城市能较好地将新技术应用到各个领域。

从城市引力看：国际旅游人数能在一定程度上反映城市的综合吸引力；全球票房100强影片出现次数主要体现城市在国际时尚文化的地位；城市品牌指数综合反映居民对城市形象的评价；房价收入比是影响居民来城市追求梦想的重要物质条件。

从公共管理看：合法权益保护强度能充分体现公共部门的管理质量；企业税负反映政府在制定政策上能兼顾地方特色和国际可比性；政府债务与财政收入的比例体现公共部门政策的可持续和自主性；社会组织数主要体现行政功能的社会化趋势。

从国际合作看：城市群网络指数主要体现城市发展的空间和功能的分散趋势；国际机构数量和国际性会议次数体现城市在国际事务中的话语权；政府及非营利性机构的国际交流项目数主要是反映城市日常运作中的国际要素。

2.3 未来30年全球城市发展路径

未来30年，全球化和信息化将会继续重塑世界经济、产业、技术、能源、金融等格局，尤其是随着新兴市场国家的逐步崛起，全球城市网络将面临重构。

2.3.1 未来 30 年全球城市网络

普华永道、花旗银行和高盛公司分别就 2050 年全球经济格局进行预测（见表 2.4）。这些机构均认为在未来 30 年里，全球经济将经历一场彻底的重组。到 2050 年，最谨慎的估计认为 G7 中仅有美国、英国和日本会继续在世界前七大经济中占有一席之地，中国、印度、巴西、俄罗斯将成长为世界领先经济体。届时，商品、服务、资金以及移民等要素流动将越来越集中在新兴经济体。

因此，根据全球经济发展重心的变化，在《科尼尔 2012 年全球城市指数和新兴城市展望》报告中，美国哥伦比亚大学教授沙森提出了未来 30 年"城市发展轴"的概念，它由若干个高度关联的全球城市及附属城市组成，未来全球经济增长重心主要集中于这些城市发展轴上。未来全球城市发展轴包括：

（1）华盛顿、纽约和芝加哥。在地缘政治方面，这些城市日益变化的比作为国家的美国更为重要。

表 2.4　国际研究机构对 2050 年全球经济体 GDP 排名预测

排　　名	目　　前	2050 年的排名预测		
		普华永道	花旗银行	高　　盛
1	美　国	中　国	印　度	中　国
2	中　国	印　度	中　国	美　国
3	日　本	美　国	美　国	印　度
4	德　国	巴　西	印度尼西亚	巴　西
5	法　国	日　本	巴　西	俄罗斯
6	英　国	俄罗斯	尼日利亚	英　国
7	巴　西	墨西哥	俄罗斯	日　本
8	意大利	印度尼西亚	墨西哥	法　国
9	印　度	德　国	日　本	德　国
10	加拿大	英　国	埃　及	意大利

（2）北京、香港和上海。北京是中国政治中心，香港在地缘政治上将发挥关

键作用，上海则是中国的工业和金融中心。

（3）柏林和法兰克福。作为轴心，柏林和法兰克福将成为欧盟的支柱。如果没有欧盟，这些城市在地缘政治方面就不会如此重要。

（4）伊斯坦布尔和安卡拉。伊斯坦布尔长期以来一直被描绘成为连接东西方的桥梁，有着丰富的帝国文化，并且熟悉东西方两种文明的结合之道，连同安卡拉，该轴线将迅速成为全球重要的政治枢纽。

（5）圣保罗、里约热内卢和巴西利亚。这些城市形成新的政治经济轴心，能级将仅次于中国的北京、香港和上海轴心。

（6）开罗和贝鲁特。这些城市诠释了中东地区的重要性。贝鲁特在世界范围内有广泛且经营良好的政治经济网络，而开罗人口众多。

（7）日内瓦、维也纳和内罗毕。这些城市拥有大量混合型研究机构，长期致力于社会问题和弱势群体的研究。在日益城市化的世界里，设有联合国环境署和人居署总部的内罗毕的重要性会显著增加。

与此同时，英国全球化和世界城市研究中心认为，全球化进程的推进将主要基于先后出现的两个城市三角，即纽约—华盛顿—伦敦和上海—北京—香港。在纽约—华盛顿—伦敦城市三角中，纽约是金融中心，华盛顿市政治中心，伦敦则是美国以外的全球事务平台。未来全球化继续发展的动力主要来自上海—北京—香港城市三角。上海是发展最快的金融中心，北京是发展最快的政治中心，这两个城市都位于发展最快的中国的内地，而香港作为特别行政区起到了发展最快的平台作用。

麦肯锡在《城市世界：都市经济力量分布图》报告指出，伴随着世界经济中心从发达经济体向新兴经济体转移，城市重心也将会发生同样的变化。到 2025年，将有 136 个新兴市场国家的城市进入"全球城市 600 强"，总数将达到 423个，其中来自中国的城市将达到 225 个。同时，以经济总量而论，全球顶尖的25 个城市中，亚洲将占有 9 个。

2.3.2 未来 30 年全球城市展望

1. 综合实力展望

从经济总量看。目前，全球经济总量最大的 25 个城市，有 22 个在发达国家，处于顶端的是纽约、东京、洛杉矶、伦敦、巴黎等城市。从 CPCI、GaWC、WCoC、GFCI、2thinknow 等全球城市评价比较看，伦敦和纽约处于全球城市网络的顶端，东京、新加坡和香港基本处于第二梯队，而上海和北京则更次之（见表2.5）。同时，纽约和东京 GDP 接近万亿美元级，伦敦、洛杉矶和巴黎等三个城市在 7 000 亿美元左右，上海、香港、新加坡等在 3 000 亿美元左右。可见，城市能级与城市经济规模存在较高的相关性，全球顶级城市必须在经济规模上具备绝对优势，GDP 总量是较其后城市 2—3 倍。

进一步分析，麦肯锡在《世界城市：城市经济力量分布图》报告研究得出，全球 23 个巨型城市创造的人均 GDP 要比其所在的国家高出 80%。同时，高盛预测 2050 年，美国和英国的人均 GDP 将均达到 9.5 万美元左右，中国人均 GDP 达到 5 万美元左右，这表明 2050 年纽约和伦敦的人均 GDP 将高达 17 万美元左右，是当前水平的 1.8 倍和 2.6 倍；上海达到 9 万美元左右，是当前水平的 6.2倍。因此，如果不考虑城市人口变化，2050 年，纽约、伦敦和上海的 GDP 总量均将达到 2 万亿美元左右。

表2.5 国际主要机构对全球城市的评价排名

	CPCI (2012)	GaWC (2012)	WCoC (2008)	GFCI (2014)	2thinknow (2014)
	综合指数	企业网络联系度	全球商业中心指数	全球金融中心指数	全球创新城市指数
伦 敦	1	1	1	2	3
纽 约	2	2	2	1	2
东 京	4	7	3	6	15
新加坡	5	3	4	3	27
香 港	11	5	6	4	20
上 海	12	6	24	20	35
北 京	14	8	57	32	50

从全球分工看。全球城市理论表明，城市的连通性在一定程度是跨国公司全球分工的结果。然而，目前全球年收益在 10 亿美元以上的 2 000 家大公司，3/4都分布在发达经济体中。在麦肯锡研究的全球 2 600 个大公司中，东京拥有的大

公司数达到 613 家，纽约、伦敦和巴黎分别为 217 家、193 家和 168 家，最低的巴黎占比达到 6.5%。与此同时，《财富》杂志对 2013 年全球 500 强总部数量进行了排序，前十位分别是北京（众多央企）、东京、巴黎、纽约、伦敦、首尔、上海、莫斯科和休斯敦。其中，纽约、伦敦和东京分别拥有全球 500 强企业总部数量为 18 家、18 家和 43 家，占比为 3.6%、3.6% 和 8.6%。可见，作为全球顶级城市，必须拥有较多的大公司，占全球 500 强企业总部数或大公司数的比例需要达到 5% 左右。

从金融中心看。2012 年，纽约股票交易额超过 20 万亿美元，远超过上海、伦敦、东京的 3 万亿美元左右的水平；伦敦债券交易额达到 4.58 万亿美元，纽约为 3.03 万亿美元，而上海仅为 1 273 亿美元，香港、东京、新加坡等规模极小；商品和金融期货交易更主要集中于在伦敦和纽约，纽约期货交易量超过 30 亿手，伦敦超过 10 亿手，上海为 4.58 亿手。与此同时，全球顶级城市更需要在掌握金融产品定价权。2012 年，全球以利率为标的衍生品交易基本集中在英国和美国，占比分别达到 48% 和 27.1%，确保了英镑和美元的国际货币地位。因此，未来全球城市要建设金融中心，必须在金融市场交易规模和金融产品定价权方面处于垄断性地位。

2. 商业活力展望

为了评价大城市在连接全球市场和商务活动的关键功能，由世界 8 位专家（Peter J.Taylor、Saskia Sassen、Manu Bhaskaran、Michael Goldberg、William Lever、Maurice D.Levi、Anthony Pellegrini、樊纲）组成的专家组，利用万事达卡全球商业中心数据对此进行评价，建立了 WCoC 指标体系。评价结果显示，2012 年伦敦、纽约、东京等三个城市的居全球前三，新加坡和香港分列第 4 位和第 6 位；世界银行数据也显示，2012 年新加坡和中国香港营商便利指数居全球前两位，纽约和伦敦居第 4 位和第 11 位。可见，全球顶级城市必须拥有高竞争力的商业环境。与此同时，全球城市相关商业政策也必须具备竞争力。2012 年纽约和伦敦的企业所得税率分别为 23% 和 20%，香港和新加坡为 16.5% 和 17%，低于上海的 25%。纽约和伦敦的个人所得实际税率也仅为 17.1% 和 15.5%。

但也应注意到，随着城市能级的提升，全球城市的商品贸易功能会逐步弱化。2012 年纽约和伦敦的进出口额仅分别为 2 058.9 亿美元和 1 831.3 亿美元，而上海和北京均超过了 4 000 亿美元，新加坡和香港更是接近万亿美元。因此，未来全球顶级城市的商业活力更多应该体现在良好的商业环境带来的经济稳定性及资本、信息、知识的流动性。尤其随着美国主导建立新的全球贸易规则，将会在更大程度上提升非商品要素在全球的流动。据麦肯锡估计，2012 年全球货物、服务、金融、人才、技术等要素流动的价值达到 26 万亿美元，到 2025 年将会是现在的 3 倍。

3. 信息流通展望

科尼尔发布的全球化城市指数中，对全球主要城市的信息流通进行专业性评价，认为信息的自由流通和获取信息的便利是全球发展和创新的最关键动力。2010 年，信息交流居前 5 位的城市是纽约、日内瓦、伦敦、布鲁塞尔和巴黎，东京列第 8 位。与此同时，在大数据时代，数据本身将成为与资本、人力资源同等重要的生产要素，更进一步提高信息流通的重要性。因此，未来全球顶级城市必须具备信息自由流动和获取信息的便利，提高城市运行的信息化程度。

4. 文化创意展望

顶级城市均拥有显著的文化符号。纽约集聚了众多的博物馆、美术馆、图书馆、科学研究机构和艺术中心，既是文化生产中心，也是文化交流和消费中心。纽约拥有《时代》《新闻周刊》《财富》《福布斯》等几百种国家级杂志出版社。美国三大广播网（NBC、ABC、CBS）的总部设在纽约，垄断了世界大部分地区 80%—90% 的新闻。纽约文化呈现出多元开放、版权产业发达、高雅艺术和通俗文化有效融合的特点。巴黎文化产业覆盖面广、涉及行业众多，形成了三个同心圆组成的产业链：内核是文化产业，由广播电视、出版印刷和音乐组成；内圈是创意产业，由表演艺术、创意设计、建筑、广告、摄影、服装等行业组成；外圈是相关产业，由文化遗产、通信信息、画廊、博物馆和旅游业组成。巴黎文化以时尚、会议会展为代表。伦敦是世界公认的文化之都、创意之都、国际设计之都，是世界级的综合性文化艺术中心。伦敦是世界三大广告都市之一，2/3 的国际广告公司将欧洲总部设在伦敦；是世界第三大电影制作中心，平均每天有 27 个摄制组在伦敦街头取景拍摄；是世界第三大音乐市场、第三大广告中心和四大时尚中心之一。文化创意产业是伦敦第二大产业部门，仅次于金融业。东京的动漫行业主导地位突出，世界动画片中的65%为东京动画片，在欧洲上映的动画片中东京动画片占到80%。

因此，文化创意是势必是未来全球顶级城市的经济发展的重要方向，甚至应处于主导产业地位，构建起以文化创意产业为核心的竞争力优势，进而成为城市独特品牌代表，如巴黎时尚形象、东京动漫形象、伦敦创意设计形象及纽约多元化形象。

5. 生态宜居展望

2012年全球宜居城市评价，新加坡排在25位，伦敦列38位，纽约和东京并列44位，中国香港居70位，表明全球顶级城市必须具备宜居性。宜居性为顶级城市吸引大量国际居民，保证了城市的连通性和集聚性。伦敦常住人口中的外籍人口的比例高达30%，纽约为15.6%，东京约为3%，而2013年上海仅占0.7%。一般而言，全球顶级城市外籍人口占比的最低标准是5%左右。

进一步分析，顶级城市宜居性差异可能更多地体现在软环境上。2012年，伦敦、纽约和东京的机场年客运量均超过1亿人，但北京和上海也分别达到8 191万人和7 870万人，且高于中国香港和新加坡的5 000万人；纽约的地铁运营里程达到1 056千米，伦敦和东京分别为408千米和312千米，而北京和上海已经分别达到465千米和468.19千米。然而，北京和上海的生态环境和公共服务质量却远远落后，尤其是近几年北京和上海持续出现严重雾霾，显著影响城市宜居性；公共服务质量相对低下和制度安排不足，在很大程度上制约了公共设施的利用效率。

麦肯锡全球研究院报告（2013）也表明，环境指数与跨国公司总部迁移以及经济中心转移的关联性：悉尼因其高品质的环境质量，使得其拥有比东京还多的总部落户；因为同样的原因，新加坡也是热门选择地。因此，展望未来全球城市，在完善城市建设的基础上，需要更多地重视生态环境、公共服务质量及制度安排，提升城市对国际居民和企业的吸引力。

6. 创新智力展望

世界城市的形成虽然来自全球经济重心变化，但根本原因是科学技术的突破。由于各国接纳技术创新的基础不同，使新的主导产业产生于不同的国家，进而造就了新的世界城市（见表2.6）。

表 2.6　产业革命和世界城市的形成

时　　间	主导产业	经济增长重心	世界城市
1782—1845 年	采煤、纺织	英国	伦敦
1845—1892 年	钢铁、铁路	英国、美国	伦敦
1892—1948 年	电气机械、汽车、化学	美国、德国	伦敦、纽约
1948—1992 年	电子、航空航天	美国、日本	伦敦、纽约、东京等
1992—	信息技术、互联网	美国、亚太	伦敦、纽约、东京等

兰德公司在《2020 年全球技术革命》报告中指出，未来可能有 16 项技术会被广泛使用，分别是低成本太阳能、乡村无线通信、转基因作物、信息的普遍接入、快速生物鉴定、水质净化过滤和催化剂、靶向药物输入、低成本自循环住宅、绿色制造、射频识别标签、混合动力汽车、普适传感器、组织工程、佩戴式计算机和量子编码。同时，依据人类发展指数、兰德技术能力指数、世界银行知识经济指数等多种评价，报告对全球主要地区的技术获取和实施能力进行了比较。认为北美、西欧、澳大利亚和东亚等发达国家能获取到 14—16 项技术，继续保持技术先进型国家；而中国、印度、俄罗斯等能获取到 10—12 项技术，为技术精通型国家。

同时，报告指出决定技术获取和应用的因素主要有良好的金融市场、稳定的政府、良好的社会治理、积极的教育和科研投入、完善的法律保护、社会价值观等因素。作为全球最主要的金融中心的纽约和伦敦，他们的 2thinknow 创新城市指数列全球第二、三位，远高于上海的第 35 位和北京的第 50 位；纽约和伦敦的公共教育经费支出占 GDP 的比重分别达到 6.7% 和 5.6%，上海仅 3.6%；纽约和伦敦受过高等教育的人口比重分别达到 32.4% 和 34%，巴黎甚至高达 40%，而 2010 年上海仅为 24%；纽约、伦敦、新加坡等城市的知识产权保护也极为完善，2012 年世界经济论坛对美国、英国和新加坡等国家的知识产权评价得分分别是 4.97 分、5.88 分、6.09 分（总分 7 分），显著高于中国的 3.94 分。因此，未来全球城市肯定是科技创新中心，但需要利用金融中心优势，助力创新智力发展；加大教育投入，培养人力资源；完善知识产权保护，提升社会价值吸引力。

7. 城市引力展望

纽约、伦敦、东京等全球城市妇孺皆知，吸引众多的国际游客，2013 年，伦敦国际游客占城市人口百分比高达 194%，纽约也达到 103%（见表 2.7）。据 2013 年 Anholt-Gfk 公布的衡量城市国际声誉的"城市品牌指数"，伦敦、巴黎、纽约等全球城市分列第一、第三和第四位。欧洲 MBA 商学院西班牙 IESE 商学院对世界 55 个国家 135 个城市的魅力评分显示，东京、伦敦、纽约为全球最具魅力的三大城市。这表明全球城市具备诱人的声誉，是全球人口迁移目的地，是全球人才聚集地。

表 2.7　2013 年部分国际城市国际旅客数量

城　市	国际游客数（万人）	国际游客占城市人口百分比（％）
伦　敦	1 522	194
巴　黎	1 330	113
纽　约	838	103
香　港	4 192	593
新加坡	1 164	225
东　京	594	45
上　海	851	36

8. 公共管理展望

2012 年，世界经济论坛对美国、英国、新加坡等国家的合法权益保护强度评价是 10 分（满分 10 分），而中国仅有 6 分，表明顶级城市需要强有力的合法权益保护。同时，发达国家都拥有完善的社会保障体制，社会保障成为公共财政最重要的支出项。2013 年社会保障支出占 GDP 比重最高的三个国家分别是法国的 33%，丹麦 30.8%，比利时 30.7%，而 2012 年上海社会保障支出占 GDP 的比重仅为 4.1%。因此，未来全球城市发展势必会面临沉重的社会保障支出负担，这就对政府部门的财政可持续性提出挑战，要求政府能执行均衡财政，进而影响城市的税收政策。目前多数顶级城市依然实行较为优惠的税收政策。

与此同时，WCoC 指数中的法律和政治框架、经营的容易度等两个分项指数，能够间接反映政府的公共管理能力。新加坡、香港、伦敦、纽约等城市的经营的容易程度居于前列，新加坡和纽约的法律和政治框架评价居前，而上海这两项指标均排在 50 名以外，更进一步表明全球城市完善公共管理的必要性（见表 2.8）。

表 2.8 2013 年 WCoC 指数的两个分指数

	法律和政治框架		经营的容易度	
	排名	得分	排名	得分
伦 敦	26	85.17	3	79.42
纽 约	4	88.28	5	75.91
东 京	29	83.60	21	71.28
新加坡	2	90.32	1	82.82
香 港	32	82.16	2	80.37
上 海	50	71.09	53	57.16

9. 国际合作展望

科尼尔发布的全球化城市指数中，对全球主要城市的政治参与进行了评价，2010 年华盛顿、纽约、布鲁塞尔居前三，主要这些城市拥有众多的国际性机构和举办各类国际性会议。巴黎、东京和伦敦分别第 4—6 位，北京排在第 10 位。2013 年，新加坡举办的国际会议数量达到 175 个，这可能主要得益于新加坡特殊政治地位（见表 2.9）。伦敦和北京国际会议次数也超过 100 个，均高于上海的 72 个。而纽约由于政治功能偏弱，举办的国际会议偏少。因此，未来全球城市在经济功能之外，也需要建设社会、政治、生态等方面的功能。

表 2.9 2013 年部分全球城市国际会议数量

排　名	城　　市	国际会议数量（个）
6	新加坡	175
7	伦 敦	166
18	北 京	105
23	香 港	89
27	东 京	79
29	上 海	72
64	纽 约	36

2.4 未来 30 年上海城市发展路径展望

2.4.1 未来 30 年上海经济增长路径

1. 发展阶段：2020 年前保持 6% 以上，2030 年前保持 5% 左右，2050 年前保持 4% 左右

从国际经验看，增速放缓的一些共性特征已在上海经济发展中逐步显现，上海经济增速面临趋势性转折。并且就长期视角而言，高速经济增长是工业化时期发生的一段特殊历史现象，也可以说是工业化时期区别于其他时期的特征性"常态"。在工业革命之前，人类的经济增长极为缓慢；完成工业化之后，高速增长也将不复存在。

选取 1961—2011 年美国、日本、韩国、中国香港、新加坡、法国等经济体的 GDP 增速，经 HP 滤波后发现，增速放缓是必然趋势，且经济增速放缓一般要经历转换阶段，在此阶段增速呈现逐步放缓态势，此后增速转入相对稳定阶段，但增速明显回落，多数维持在 3%—4%（见表 2.10）。具体表现为：

一是人均 GDP 达到 5 000—10 000 万美元将迎来增速放缓阶段。美国和日本在人均 GDP5 000 美元时，完成增速放缓的转换阶段；韩国和法国在人均 GDP1 万美元时，完成增速放缓的转换阶段；中国香港和新加坡在人均 GDP1 万美元时，迎来增速放缓的转换阶段。

二是转换阶段前后增速放缓幅度均超过 30%。发达经济体转换阶段前后增速大小虽然有显著差异，但转换阶段后的增速放缓幅度均超过 30%。美国和新加坡放缓幅度超过 30%，韩国和中国香港大于 40%，法国、中国香港和日本高于50%。且在转换阶段中，经济增速可能会出现深度调整，调整幅度最大的中国香港从 8% 下滑至 1.6%。

三是转换阶段一般持续 5—10 年。美国的转换阶段持续时间为 5 年，日本是8 年，韩国、中国香港和新加坡均用了 11 年，法国达到 14 年。这在一定程度上表明，发达经济体可能需要 5—10 年才能完成增速逐步放缓过程，此后经济将转入稳定增长时期。如经济完成阶段转换后，美国经济增速保持长达 28 年的稳定，

表 2.10　主要发达经济体转型期经济增速的变化（HP 滤波后数据）

		转换阶段前	转换阶段	转换阶段后
美 国	时 间	1961—1966 年	1966—1970 年（5 年）	1971—1998 年
	增 速	4.9%	5.5% 降至 3.0%	3.1%
日 本	时 间	1961—1968 年	1968—1975 年（8 年）	1976—1988 年
	增 速	10.0%	10.1% 降至 3.5%	4.3%
韩 国	时 间	1961—1988 年	1988—1998 年（11 年）	1999—2011 年
	增 速	8.0%	9.7% 降至 4.0%	4.3%
中国香港	时 间	1961—1987 年	1988—1998 年（11 年）	1999—2011 年
	增 速	9.2%	8.0% 降至 1.6%	4.1%
新加坡	时 间	1961—1989 年	1990—2001 年（11 年）	2001—2011 年
	增 速	8.9%	9.2% 降至 4.1%	6.2%
法 国	时 间	1961—1971 年	1971—1983 年（14 年）	1984—2000 年
	增 速	5.6%	5.5% 降至 1.6%	2.2%

法国为 15 年，日本是 13 年，韩国、中国香港和新加坡均已超过 10 年。

2009 年，上海人均 GDP 超过 1 万美元，前期已连续 16 年保持两位数增长，根据上述先导经验判断，上海经济增速出现中长期趋势性转变的可能性很大。

（1）2020 年前保持 6% 以上的增速。对 1978—2011 年上海 GDP 增速进行 HP 滤波处理，发现 2007 年上海 GDP 增速开始步入转换阶段，至 2011 年已持续 5 年，增速从 12.6% 降至 8.4%。依据国际经验，在 2020 年前上海经济可能会继续处于转换阶段，其间不排除经济增速进一步回落的可能。1978—2006 年，上海经济年均增速为 10.4%，以出现过近两位数增速的日本、韩国、中国香港、新加坡为参考，以回落 40% 计算，则为 6.2% 左右；以回落 50% 计算，则为 5.2% 左右。就当前国内外经济形势而言，继续保持 6% 以上也许为大概率事件。

（2）2030 年前保持 5% 左右的增速。国际经验表明，转换阶段后，日本、韩国、中国香港下降到接近 4%，新加坡依然保持 6% 左右的中速增长，持续时间在 10 年以上。因此，可以预计，2030 年前上海经济增速保持 5% 左右的概率较高。

（3）2050 年前保持 4% 左右的增速。历史经验表明，对处于世界增长前沿的国家或地区而言，长期潜在增长率多数仅有 2%—3%，只有正在赶超发达经济体的国家或地区才能以相对更快的速度增长。因此，随着经济发展水平的逐步提高，上海经济增速将向发达经济体靠拢，直至完成追赶进程，预计 2050 年前上海经济增速保持 4% 左右的概率较高。

2. 生产要素：GDP 增速可能跌至 5%—7%

从发展经济学角度看，要素供给的变化一般都会导致经济增速出现趋势性变化。在不考虑技术进步的情况下，生产要素主要包括资本和劳动力。对于一个国家而言，决定资本供给能力的是储蓄率的高低，决定劳动力供给的是适龄劳动人口总量。选取 1961—2011 年美国、日本、韩国、中国香港、新加坡、法国等经济体储蓄率和适龄劳动人口增速，经过 HP 滤波后发现，储蓄率下降、适龄劳动人口增速与经济增速出现趋势性下降是同步，直至储蓄率和适龄劳动人口增速再次趋稳，GDP 增速的趋势性变化才会停止（见图 2.2）。

进一步分析，日本、韩国和中国香港的储蓄率在超过 35% 后开始回落，经历转换阶段后稳定于 30% 左右；法国是 25% 左右开始回落，后稳定在 20% 左右；美国从 20% 左右开始回落，后稳定在 16% 左右；新加坡则是持续稳定在 50% 左右。与此同时，构建回归方程发现，储蓄率和适龄劳动人口增速对 GDP 增速变化的解释能力较高（模型解释能力由 R^2 决定），新加坡、法国、韩国和日本都大于 70%，中国香港超过 50%，美国为 44.8%。

考虑到上海作为城市经济，存在显著的资本流入和流出，储蓄率不能全面反映资本积累能力，外加上海储蓄率数据缺失，用固定资本形成率替代储蓄率。且美国、日本、韩国等发达经济体的储蓄率和固定资本形成率不仅走势基本一致，且大小水平非常接近。上海本轮资本形成率调整始于 2008 年，2012 年降至 34.7%，5 年间累计回落 6.8 个百分点。同时，上海固定资本形成率和适龄劳动人口增速对 GDP 增速变化总体解释能力达到 68.7%，固定资本形成每变化 1%，GDP 增速变化为 0.19%；适龄劳动人口增速每变化 1%，GDP 增速变化为 0.43%。

因此，从国际经验看，上海固定资本形成率逐步稳定于 15%—25% 的概率较高，较前期高点总体回落幅度在 15—25 个百分点，相应可能导致 GDP 增速下

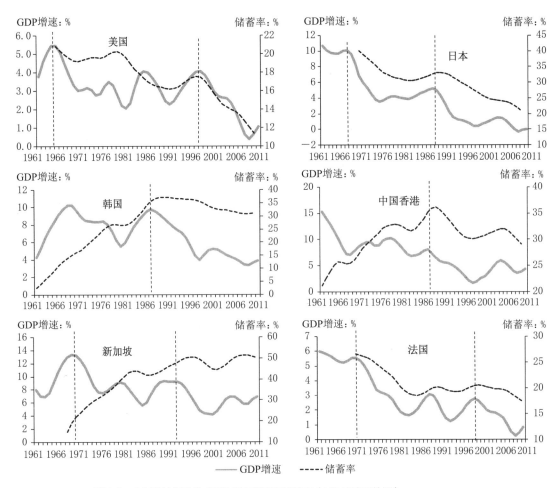

图 2.2　主要发达经济体 GDP 潜在增速和储蓄率（HP 滤波后数据）

注：竖直虚线表示开始进入转换阶段的年份。

降 2.85—4.75 个百分点，即 GDP 增速可能跌至 5%—7%。同时，考虑到人口调控对劳动供给的影响，GDP 增速可能会进一步受到约束。

综上，如果不考虑物价和汇率的影响，2020 年上海经济总量将达到 5 000 亿美元，2030 年达到 8 000 亿美元，2050 年达到 18 000 亿美。届时，纽约、伦敦等全球城市经济总量基本为 2 万亿美元（见前文分析）。因此，就经济规模而言，上海步入全球顶级城市俱乐部。

2.4.2　未来 30 年上海城市功能发展路径

当前，上海"四个中心"建设已取得显著成效，逐步构建起较齐全的功能框架，2020 年上海要基本建成"四个中心"，为上海未来三年发展成为全球城市奠定基础。

1. 国际金融中心

上海国际金融中心已经构建起多层次的金融市场体系，集聚了货币市场、股票市场、债券市场、期货市场、衍生品市场、股权交易中心、黄金市场、能源市场等众多金融要素市场。2014 年，上海金融市场交易额接近 800 万亿元，已经发展成为活力巨大和资源配置显著的全球性金融市场之一，金融业增加值占 GDP 的比重达到 13.9%。与此同时，随着人民币国际化进程加速推进，越来越多的境外参加结算的银行选择上海的银行作为境内代理，上海的中外资银行人民币同业往来账户、跨境人民币购售金额和跨境同业融资占全国的比重分别为 60% 左右、80% 以上和 90% 以上，上海将会成为人民币全球结算中心。而事实上，未来 30 年上海要逐步全面建设成国际金融中心，核心是要随着人民国际化的提高，上海能成为全球人民币运营中心，人民币国际化平台、人民币定价平台和人民币产品平台等。

然而，目前上海国际金融中心建设仍面临一些关键瓶颈，如人民币国际化程度不高、金融市场开放程度不足、金融机构全球服务能力有限、金融创新发展程度不够等。因此，未来 30 年，上海国际金融中心建设主线是紧跟人民币国际化进程，通过加快推进金融市场开放，逐步提升金融机构服务能力和刺激金融产品创新，进而建成国际性金融中心。因此，随着中国经济实力的快速提升，人民币国际化势必会逐步推进，结合自贸区先发优势，会强力催化上海发展成为国际顶级金融中心。

2. 国际航运中心

2014 年，上海港口集装箱吞吐量连续 5 年位列世界第一，上海初步发展成为现代航运服务体系较完善的航运中心：一是航运功能性机构大量集聚上海，如波罗的海国际航运公会、波罗的海航交所、联合国国际航运学院、亚洲船级社协会中韩联合秘书处等；二是航运金融规模化发展，航运综合试验区引入 57 家境外融资租赁母公司和 241 家 SPV 项目公司；三是航运运价指数体系逐步完善，进口干散货、邮轮运价指数等正式发布。

但上海航运中心的优势主要集中在港口硬件设施、集装箱和货物吞吐量、机场旅客流量等第一代口岸型航运中心标准方面，以第三代资源配置型航运中心标准衡量——新华·波罗的海国际航运中心发展指数，上海国际航运中心排名居第7位。这表明上海航运中心在发展理论、发展环境等方面与现代国际航运中心仍有差距，如尚未形成以提升航运服务能力和集疏运体系效率为主的发展模式，尚未形成现代航运服务业集聚发展的产业环境。因此，未来30年，需要推动上海航运由腹地型向中转复合型转变，功能由单一化向复合化转变，形成以国际集装箱深水枢纽港为依托，集国际商品、资本、信息、技术等功能为一体的航运服务中心，成为全球航运资源配置中心。同时，要拓展上海航运金融、船舶融资、航运保险等高端服务，集聚船舶交易、船舶管理、航运经济、航运咨询、船舶技术等航运服务机构，最终形成以软实力为主的国际航运中心。

3. 国际贸易中心

上海国际贸易中心建设突出表现在五个方面：跨国采购商、渠道商、国际品牌制造业商等多样化贸易主体加速集结；口岸贸易服务功能加速完善；购物天堂功能初见成效，品牌集聚效应提升；国际采购交易平台建设取得较大发展，上海已成为全球跨国采购重要节点；营运控制功能伴随着离岸贸易和离岸金融试点不断发展。然而，未来上海国际贸易中心建设仍需要突破一些核心瓶颈约束：一是平台经济发展不充分，缺乏 BAT 级别的互联网平台企业；二是国际性贸易机构偏少，贸易投资促进体系不完善，在跨境电子商务服务方面显得心有余而力不足；三是新兴贸易业态发展有待促进。

因此，未来30年上海国际贸易中心建设主要是加快发展平台经济项目，培育以"两头在沪"、"上控资源、下控网络"为特征的平台型总部企业，形成跨境电子商务平台、大宗商品交易和定价平台、口岸货物集散平台等诸多功能性枢纽。

4. 国际经济中心

2012 年，上海实现 GDP 突破 2 万亿元，经济规模超过香港、新加坡、首尔，成为全球第九大国际大都市。2014 年人均 GDP 达到 1.5 万美元左右，初步达到世界中上等国家水平。但上海经济转型升级依然面临一些硬性约束，如市场化程度偏低，服务经济制度不完善；服务领域多元化市场主体发育和企业制度建设滞后；要素和服务市场发展滞后，市场机制作用不强；服务领域收入分配制度尚不完善。尼尔森最新发布的全球城市排行榜，上海位列第18位，与北京、吉隆坡、芝加哥、巴黎、法兰克福、华盛顿等城市处于第三集团，较纽约、香港、东京、伦敦等城市仍有一定差距。因此，未来30年，随着上海经济实力逐步跨入全球顶级城市和城市功能逐步完善升级，上海势必会在商业活动、信息流通、文化创意、科技创新、政治参与等诸多方面展示出更强的竞争力，乃至主导力。

2.4.3　未来30年上海科技创新中心建设路径

2014年5月，习总书记在上海考察时指出，科技创新已成为提高综合国力的关键支撑，成为社会生产方式和生活方式变革进步的强大引领，要求上海建成具有全球影响力的科技创新中心。为此，上海要在"十三五"及更长时期内，以建设具有全球影响力的科技创新中心为目标，驱动上海经济社会转型升级。

1. 上海科技创新优势与劣势

在强调创新驱动能力的全球城市评价中，上海排名依然较为靠后。如在英国《经济学家》杂志中，上海在"全球最具竞争力城市"中排名第43位；在澳大利亚"2thinknow创新城市"排名中，上海居第24位；在世界经济论坛和麦肯锡的"创新热图排名"中，上海处于第二集团，属于涌动的热泉。具体来看：

（1）研发投入强度"高"，但基础研究比重"低"。

高：投入强度相当于发达国家水平。2014年上海全社会R&D经费支出实现831亿元，较上年增长7%；R&D投入强度为3.6%左右，继续保持较高水平，提前完成"十二五"规划提出的3.3%预期目标。2013年，在全国各省市中，上海研发投入强度排在第二位，仅次于北京，较其后的天津、江苏、浙江等省市仍具有较大优势。从国际比较看，2012年OECD国家研发投入强度平均为2.4%，其中科技创新能力全球领先的美国、日本、德国和韩国分别为2.79%、3.34%、2.92%和4.36%。因此，上海3.6%的研发投入强度已达到较高水平。

低：基础研究投入严重不足。从投入结构看，2013年上海基础研究支出占研发投入的比重仅为7.1%，低于北京和日本的11.6%和12.3%，而美国和韩国更是高达 16.5% 和 18.1%。目前，上海基础研究支出相当于 GDP 的比例仅为 0.25% 左右，而美国为 0.46%、法国为 0.55%、韩国为 0.73%、北京为 0.71%。此外，发达国家基础研究主要集中在高等院校和科研院所，如 2012 年美国高等院校和科研院所研发经费的 63.8% 投向基础研究，而 2013 年上海科研院所和高等院校的研发执行经费 242.68 亿元，但上海基础研究总经费仅 49.16 亿元。

（2）企业研发投入"多"，但创新覆盖渗透"少"。

多：企业研发创新投入比重大。从研发主体看，2013 年，上海企业研发投入比例达到 64.7%，虽然低于 2012 年日本和韩国的 76.5% 和 73.7%，但高于美国的 59.1%，与德国的 65.6% 基本持平。同时，上海工业企业研发投入占工业增加值的比重达到 5.6%，显著高于 2012 年韩国的 4.5% 和日本 4.1%，美国和德国分别为 3.3% 和 3.2%。此外，2000—2013 年，上海交通运输、信息服务、租赁商务、文化、水利环境等五个生产性服务业的研发投入年均增速高达 26.5%。

少：研发创新覆盖面和渗透率不足。2013 年上海工业有研发活动的企业覆盖面仅为 17%，比北京低 12.4 个百分点；有研发活动的企业产值占工业总产值的比重为 50.7%，"十二五"期间这一比重没有明显变化。与此同时，上海工业企业研发活动主要集中在央企和"三资"企业，具有较强科研能力的本地企业相对缺乏。与外省市的华为等企业相比，上海工业企业在研发投入规模以及活跃度上存在明显差异。2013 年华为研发投入达 240.51 亿元，而上海研发投入最大的 10 家工业企业合计仅为 144.36 亿元，仅相当于华为的 60%。

（3）创新创业环境"易"，但企业脱颖而出"难"。

易：创新型创业环境总体较好。2014 年，世界经济论坛对创新性创业获取的风险资本的难易程度进行了国际比较，中国香港、卡塔尔和美国最容易获得风险资本的支持，国内整体表现良好，排在第 16 位，好于日本、德国等发达国家。这表明随着国内深化改革的推进，创业环境已大为改善，作为全国改革开放排头兵的上海，已成为众多私募基金客户（PE）和创业投资客户（VC）的集中地，有力地支持了上海创新型创业的发展。

难：创新型创业竞争力不足。在国内互联网经济高速发展时期，国内十大互联网企业仅携程的总部在上海；截至 2013 年底，上海经认定的高新技术企业为 5 140 家，而北京和硅谷约为 8 000 家和 1 万家；在德勤 2013 年公布的《亚太地区高科技成长企业 500 强》中，上海仅有 10 家企业上榜，没有一家进扩前 20 强。进一步分析，2012 年上海创业投资规模为 152.41 亿元，而北京和硅谷地区是 219.66 亿元和 410 亿元；2013—2014 年泰晤士高等教育组织所公布的世界大学排名显示，邻近硅谷的斯坦福大学、加州大学伯克利分校分别排在第 4 位和第 8 位；北京的清华和北大分列第 45 位和第 50 位，而上海还没有一所高校跻身该排行榜 200 强。

（4）互联网普及程度"广"，但与国际交互水平"浅"。

广：互联网普及程度接近国际水平。2013 年，上海国际互联网用户普及率和宽带用户普及率已分别达到 75.7% 和 23.8%，开始逐步接近发达国家水平，如美国为 81% 和 28.3%，日本为 79.1% 和 27.7%，德国为 84% 和 33.7%，韩国为 84.1% 和 37.2%。

浅：本地与国际互联网的交互滞后。2014 年世界经济论坛在全球信息技术评价报告中认为，美国、日本、德国等发达国家在互联网数字内容的获取上是广泛允许的，而国内存在限制；美国家庭宽带月度使用费用仅为 14.95 美元（购买力评价），而国内达到 35.55 美元，上海则处于更高的水平，但国内宽带速度却大幅落后于发达国家；在技术知识产权保护方面，国内仅处于中等水平，上海略好于全国。

（5）加工贸易引进"强"，但自主创新转化"弱"。

强：加工型高技术产业强。2013 年上海高技术产品出口额占出口商品总的比重达到 43.4%，高于韩国的 26.2%，更高于美国的 17.8%、日本的 17.4% 和德国的 15.8%。这更多地是由于上海加工贸易导致的结果，并不能说明上海创新成果转化强于发达国家。

弱：自主创新成果转化弱。近三年来，上海高技术产业 R&D 经费投入增速均保持在 20% 以上，但 2013 年高技术产业的新产品销售收入仅增长 2.6%，出口的新产品销售收入还下降 13.9%。同时，2013 年上海规模以上工业企业用于引进技术的消化吸收经费支出下降 17.8%，而直接引进国外技术和购买国内技术的经费支出却分别增长 22.7%、32.8%。

（6）人力资源总量"足"，但高素质劳动力"缺"。

足：劳动力资源丰富。上海是全球人口最多的城市，拥有丰富的人力资源，但上海集聚的人口素质却相对偏低，大部分为国内其他省市来沪务工的外来人口，劳动力平均受教育程度低于北京。

缺：高素质劳动力欠缺。据统计，伦敦常住人口中的外籍人口比重高达30%，纽约为15.6%，东京约为3%，而2013年上海仅占0.7%。与此同时，纽约和伦敦的公共教育经费支出占 GDP 的比重分别达到6.7%和5.6%，上海仅3.6%；纽约和伦敦受过高等教育的人口比重分别达到32.4%和34%，巴黎甚至高达40%，而2010年上海仅为24%。

2. 上海科技创新中心建设方向

纵观诸多世界级大城市，如纽约、伦敦、新加坡，它们都是当今世界上典型的国际经济中心城市，且无一例外地依赖科技创新驱动得以快速发展。这些世界城市的科技创新发展路径模式，无疑都是研究城市科技创新中心建设的优秀样本，能为上海建设具有全球影响力科技创新中心提供借鉴。

（1）立足产业推动科技创新。

知识经济的到来迫使纽约寻求科技创新促进经济发展的新路径，政府和企业投入大量资金推动产业升级和技术改造。目前纽约的科技创新领域大致以生物化学、计算机与电子、运输设备及科技服务服务业为主，既涉及传统制造业领域，也有信心涉及计算机及电子类制造业的研发。这吸引一大批国际知名研究机构和新兴产业集聚纽约，如通用全球四大研发中心之一、IBM 公司中央实验室、雅虎研发中心等国际知名企业的研发机构；据纽约软件工业协会统计，纽约仅软件行业的企业研发机构达到398家。此外，优越环境也为纽约科技创新打下坚实基础，如全球连通的交通系统、全面促进教育和人才引进政策体系等，吸引全球高技术人才为纽约产业发展提供强大的人力支撑。

（2）立足教育激励知识创新。

伦敦拥有世界上最大型和最成功的教育产业。伦敦既是全球知识与学习中心，也是主要的教育中心。英国近1/3的高等教育机构位于伦敦，其中一些机构在科学、技术、商业、艺术、人文和创意产业领域拥有国际声誉。伦敦各所大学与学院既有世界级的技术中心，又有世界领先的创意与艺术中心，这些教育部门的多样性为伦敦提供了重要的创新财富。优秀的高等教育通过对艺术、人文、设计与其他创意学科、科学与技术方面产生影响，成为推动创新和变革的强大动力。因此，这导致伦敦科技创新主要表现为中小企业发展和新兴产业发展。当然这也得益于伦敦政府鼓励创新的政策支持，及制定相应法律保障中小企业创新的合法性以及享有创新成果的权利。

（3）立足规划刺激创新活力。

1991年，新加坡成立了科技局并通过国家科技发展五年计划，将大量资金用于创新发展。从2006年起，新加坡政府进一步制定了新规划，包括未来五年内研发经费相当于GDP的比例提高3%；加强发展电子、化学、海事工程等优势领域，将生物医药、环境与水利以及互动、数字媒体确立为三大重点发展战略领域；鼓励并加强研发项目的商业价值。新加坡中小企业占企业总数的92%左右，为了促进中小企业发展壮大，新加坡政府重点鼓励中小企业创新，刺激市场创新活力。作为政府中小企业的重要机构，新加坡标准、生产力和科技创新局通过与其他政府部门、行业协会和企业合作，为中小企业新科技和新产品的研发提供实实在在的支持。

综上，城市科技创新功能升级存在明显的相似之处，基本都是借助发展新兴产业和高技术主导产业，形成科技创新集聚态势；其间，优越环境、优质教育和法制政策等关键要素逐步为科技创新功能升级提供持续动力，最终发展为具有全球影响力的科技创新中心。因此，上海科技创新中心建设需要加强优质教育培养、强化优质创新主体扶持和加速法制政策环境优化，推动在2020年前后建设与上海国际性大都市相匹配的科技创新功能，在2030年前继续提升科技创新功能，在2050年前建成与"四个中心"相辅相成的科技创新中心。

2.5 未来30年上海城市发展风险变量

未来30年，全球将会出现新的产业技术革命，进而催生新的世界经济中心。且新兴市场国家在经济实力重构的基础上，金融实力和军事实力将会得到显著提升，世界将逐步转向多极化，全球治理规则会渐进改变，甚至不排除出现全球性的战略对抗和区域性武装冲突。但在贸易自由化和投资自由化的推动下，全球服务贸易会逐步深化。因此，未来30年上海城市发展可能面临一些关键性风险变量，需要加以预判。

从纽约、伦敦等全球城市发展经验看，城市建设过程中存在一些风险因素，会威胁到全球城市建设进程，需要政府进行必要干预。（1）人口老龄化。未来30年，上海人口老龄化会日益严峻。据预测，2030年上海户籍人口老龄化水平会高达40%，这将对上海人力资源供应带来挑战。纽约、伦敦等城市认为人口增长是城市发展的重要推力。（2）产业空心化。全球城市虽然是金融业和生产性服务业集聚发展的结果，但这并不表明全球城市必然要放弃高端制造业，而事实上纽约一直致力推动制造业升级发展。（3）城市安全风险。随着中国成为全球治理的核心力量之一，各种传统和非传统安全将会对上海城市发展带来挑战。（4）过度福利化。全球城市一般均有较好的公共服务，在医疗、教育、就业等方面为居民提供优质服务，但要避免陷入"福利病"。（5）收入两极化。2008年的金融危机，在很大程度上暴露出美国经济社会发展的两极化，纽约尤其明显，如金融业和生产性服务业的从业人员占有过多财富，导致收入两极分化。（6）发展空间不

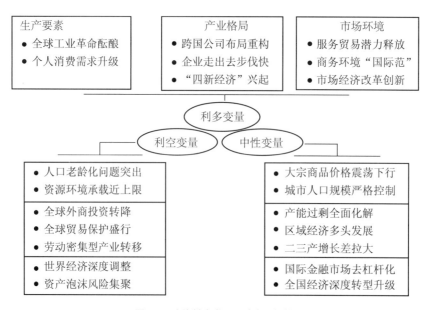

图2.3 上海城市发展风险变量解构

足。多数国际城市均认为需要在适宜的地方催生出更大的容积率，以此容纳经济增长，表明国际城市最终都会遭遇城市发展空间不足的困扰。

进一步分析，基于未来上海城市发展，可将影响城市发展路径的因素划分为利多变量、利空变量和中性变量，分别从生产要素、产业格局和市场环境的角度，解构这些变量对未来上海经济社会发展的影响。

生产要素方面：全球工业、信息化革命的新阶段将给上海城市发展带来崭新活力。但人口老龄化、资源环境接近饱和、城市人口规模控制又将一定程度削弱人口红利和资源环境红利。

产业格局方面："四新经济"带动上海新业态、新模式经济蓬勃发展，企业走出去实力和时机成熟，形成"引进来"和"走出去"的资源双向流动的新开放格局。但全球贸易投资新规则、贸易保护和全球分工再整合等会彻底改变上海外向型经济形态。

市场环境方面：全球服务贸易发展促进上海服务业、服务贸易发展，以自贸区为主的市场经济改革创新先行先试，为上海赢得转型期的更多机会。但国际金融市场上将持续存在的去杠杆化进程会对国内金融改革带来压力，甚至延缓进程，进而影响上海国际金融中心建设。

2.6 未来 30 年上海推进全球城市建设思路

未来 30 年，上海在推进全球城市建设的过程中，将立足于建设全球城市评价指标体系和上海城市发展路径，针对关键判断，在量化的基础上，从制度、文化、生态、要素、技术、空间、治理、国际竞争等角度提出城市建设的思路对策。同时，这一思路对策虽然主要侧重于城市长期发展战略，但仍会从阶段性远景出发，适当兼顾可操作性政策，具体可表述为"一个动力、二个改革、三个产业"。

2.6.1 创新驱动发展，建设科技创新中心

深圳已经基本形成以企业为主体的自主创新体系：90% 以上研发机构设立在企业，90% 以上研究人员集中在企业；90% 以上研发资金来源于企业，90% 以上

的职务发明专利出自企业，推动深圳由"深圳制造"向"深圳创造"跨越。这主要得益于深圳坚持政府角色定位于服务，将政府职能集中在完善创新环境方面；坚持企业是创新主体，加速科技成果的产业化和市场化，企业技术中心营运而生；坚持创新氛围尤为可贵，银行、创业投资、产权交易、证券等为依托的科技创新融资体系已经形成。因此，上海科技创新中心建设，需要加快推进制度与管理创新，形成内生性创新动力。

（1）优化政府角色定位和职能。政府在增加科技创新投入的基础上，更需要强化人才引进、投融资体系、激励机制、行政审批等方面的科技创新环境建设，加快形成多元化、多层次的市场化科技创新体系。

（2）提升企业自主创新内生动力。首先需要通过政府补贴、创新激励、产学研合作等措施，进一步强化企业的创新主体地位。在此基础上，强化培育企业家的创新精神和提升企业创新内生动力，具体可实施企业家创新培训工程、股权激烈等措施，积极突破"智力资源资本化"的制度障碍，将"职务发明非职务化"变为"非职务发明职务化"。

（3）完善知识产权保护制度。就国内外经验而言，知识产权保护是激励自主创新的核心影响因素之一。因此，需要强化相关立法和提高市场诚信，实现利用知识产权法来鼓励创新、保护引进和促进扩散，提高上海对国际高端技术的吸引力，增强上海对前沿技术的获取能力。

2.6.2 深化改革红利，加速自贸区创新和完善市场机制

上海应充分发挥自贸区的先发优势，在接轨国际、推动开放、创新制度等方面形成有力突破，为上海"四个中心"建设提供主战场。

其一，积极参与国家的 BIT、TPP、TiSA 的谈判进程，形成接入机制，以熟悉掌握国际贸易投资最新规则，推动自贸区在更高层次的开放中与国际贸易投资规则结合更紧密、试验更具针对性。

其二，积极稳妥地推进金融开放和创新。金融监管从事前管理向事中事后审查，按照"先交易、后汇兑"的原则，推进资本项目开放试点；加快人民币离岸业务建设，做大做强离岸银行业务和期货保税价交割等业务，逐步拓展离岸保

险、离岸证券、离岸基金、离岸信托、离岸货币、离岸同业拆解等业务；加快金融市场开发，提高股市、债券、期货、外汇等市场对外资的开放水平。

其三，形成有利于服务业对外开放的制度创新。要充分利用自贸区平台，完善服务业市场准入机制，尤其对外商投资；建立符合国际惯例的税收制度，加快吸引跨国公司总部。

其四，加快推进市场起决定性作用。加强市场诚信体系建设，建立覆盖各行业的诚信系统，要形成诚信历史追责机制，推动市场规划化和法制化；加强市场流通渠道的改革，主要是完善劳动力市场、资源性产品价格改革、垄断性行业改革等；促进各类市场的融合发展，主要是优化多层次城市商业格局，推进多层次资本市场建设，积极发展技术、文化等无形资产交易市场。

2.6.3　产业再升级，制造力、服务力和文化力

近年来，上海按照高端化、集约化和服务化的发展方针，加快产业结构调整，总体取得了显著成效，但同时也面临一些有待突破的问题。

其一，加快产业结构调整。要大力提升以服务经济为主的产业结构质量，加快新兴产业发展，主要是促进产业向高附加值部门或环节的转型升级；加快新技术、新模式对上海产业的改造，进而推进符合科技革命导向的新兴产业快速发展。

其二，构建现代产业体系。促进各类生产要素和政策资源向创新型企业集中，向领军企业集聚，鼓励支持企业之间通过资本重组、技术联合、产业联盟、上市融资等优势互补，加快培育形成大型企业集团；支持帮助高成性的初创企业发展，新技术、新产品需求，乃至政府的科技创新资源配置应向这些企业开放及倾斜；实施更加开放的技术引进政策，促使外企调整产业结构，加快引进国际最新技术成果。

其三，营造开放文化生态。需要通过文化交流，扩大上海和海派文化在中国、亚太及全球的影响力，最终形成"多元融合，扩大影响，提升城市魅力"。要实施文化"走出去"和"引进来"，打造上海的文化节庆及会展品牌，最终与国际文化大都市间形成常态交流机制。

愿景目标篇

3 上海建设全球城市的愿景目标、功能特征、发展范式、发展路径和障碍风险

上海社会科学院课题组 *

3.1 上海全球城市愿景目标定位

自 20 世纪 80 年代发起的全球城市理论及其实践，既抓住了全球化发展的大趋势，同时也与生俱来就存在着地域矛盾、社会矛盾、人地矛盾等诸多难以克服的缺陷。随着全球金融经济危机、科技发展，全球化进入深化期，全球城市相应也呼唤着理论与实践的创新。上海全球城市总体愿景目标定位，必须以对全球城市理论的创新与扬弃为基础，形成"创新型"全球城市的总体方向。

3.1.1 建设全球城市是上海发展的持续追求

1. 全球城市理论的演进与认识

1986—1991 年间，全球城市（global city）理论诞生后，其被各界所广泛关注和认可，在于该理论的内涵抓住了大都市发展的长期基本规律和作用——即全球化的空间响应者、引导者。J.Friedmann、G.Wolff、D.Massey、S.Sassen、M.Castells 等学者关于全球城市 / 世界城市的论述基本基于这一理论前提。作为一种城市理论，全球城市前所未有地经历了从理论假说到实践运用的迅速释放，20 世纪 90 年代迅速在实践领域得到运用。Neil Brenner、Roger Keil 等学者将这一现象概括为："诞生之刻起即成为经典之作（an instant classic）"。[1] 在老牌全球城市（伦敦、纽约）、新兴全球城市（东京、香港、迪拜）的样板引领下，一

＊ 课题负责人：屠启宇；课题组成员：苏宁、张剑涛、李健、邓智团、林兰。

[1] Neil Brenner, Roger Keil eds. *The Global Cities Reader*, Routledge, 2006.

批崛起中的全球城市（北京、上海、约翰内斯堡、里约热内卢、莫斯科等）也通过大力提升自身的全球要素枢纽能级，以进阶高等级全球城市。

但全球城市理论并非无懈可击的固化概念，其内涵必然随着其依托的主要动力——经济全球化的演进而不断发展，该理论的动态性和不断更新是重要的特点。20世纪80年代形成的第一代全球城市理论，在抓住了经济全球化发展的大趋势的同时，也存在更多关注城市的全球要素流动枢纽属性，忽视社会问题以及城市整体可持续发展问题的不足之处，进而在实践中容易带来地域矛盾、社会矛盾、文化矛盾等诸多难以克服的缺陷。这一不足甚至已经危及全球城市的实践发展，2011年之后诸多全球城市出现的"占领运动"已显示出这一问题。

21世纪后，在多种新趋势的影响下，经济全球化进入新的发展阶段，对于全球城市也形成重大的变革要求。这种变化集中体现在21世纪第一个10年之交的全球金融及经济危机。总体上看，全球化潮流不可阻挡，但面向21世纪中叶，全球化将进入深化发展阶段。其具体表现为：其一，全球化的指导思想、理论范式、发展层次趋于更具包容性、多样化。其二，全球化的流量类型也将更为丰富：流动的要素从货物、资金、人员扩展到服务、信息。其三，全球化的质量面临大幅提升：以TPP、TTIP为代表的更高水平全球经济流动、交易规则将为全球化的内涵和运行方式带来更多的变量。因此，未来全球城市理论与实践的生命力，在于顺应经济全球化变化的新趋势，进行理论内涵的不断更新。而对于崛起中的全球城市而言，其未来发展路径和目标的确定，其核心在于把握全球城市持续更新变化的内在逻辑和主要方向。

2. 对全球城市理论的核心把握

自全球城市理论萌发之际，上海就予以全面跟踪，并及时将有关研究判断转化到城市发展各个阶段的目标部署中。虽然不同时期基于的理论认识深度和实际具备能力不同，上海关于发展愿景目标的用词表述不同，但其发源可追溯到20世纪80年代中期。上海在提出"太平洋西岸二中心"（1986年版城市总体规划）之后的定位探索中握住了20世纪末开始的现代意义上全球化的脉络和中国加入全球化大势中的战略位置，包括中国嵌入全球生产网络（GPN），发展中国制造、担当世界工厂等战略职能。相应地，上海是中国嵌入全球生产网络的"龙头"，于是从流量枢纽、控制节点方向上设定了上海的"四个中心"功能（2001年版城市总体规划）。但是，上海总体上承担流量枢纽与控制节点的核心诉求从来没有变化，而这一强调流量与控制的思路，恰恰把握住了全球城市的关键。

3. 全球城市理论的扬弃创新

在实践中，上海对于全球城市理论始终采取扬弃的态度，并在实践中加以创新。上海过往30年的战略定位中，始终对全球城市理论中固有的"飞地"倾向保持警惕，因而自身的总体功能目标指向上，强调以国家战略担当作为出发点、以长三角区域一体化作为支撑。在风险防控上，始终警惕全球城市的社会分化、社会对立风险，而强调中国特色社会主义制度对于社会公平的追求及和谐社会的基本性质。在文化指向上，上海始终警惕全球城市的西方文化沙文主义风险，而坚持本国历史文化特点、本土海派文化特色。这些"上海经验"，也必然在上海站在新的历史起点上的新战略谋划中，得到更为系统的体现。

3.1.2 上海未来建设全球城市的责任与依托

1. 面向未来30年的上海全球城市建设责任担当

面向未来30年，上海建设全球城市的核心性质是确定不变的，即全球化的"流量枢纽和控制节点"。同时，科学技术与人类文明的进步、全球化的深化、国际竞争力对比格局的变化，以及中国和平发展的步伐综合决定了上海建设全球城市的愿景认识需要做出重大的升华，具体包含着服务市民、国家战略和全球贡献的三大历史担当。

历史担当一：上海建设全球城市肩负着开放性条件下增进民众福祉的责任。全球城市不同于一般城市的关键在于其高度的开放性与影响力，其作用力投射到人群，其实质性影响规模和结构更为庞大和复杂。因此，增进利益相关民众的福祉，也成为未来全球城市的重要职责。上海全球城市对于民众福祉的职责将覆盖三个领域：其一，对于本市市民、常驻人口、流动人口、访问者的福祉提升；其二，对于原住民、本国移民、国际移民的福祉关注；其三，对于行政边界之外、全球城市—区域功能性范围之内的民众福祉负责。

历史担当二：上海建设全球城市肩负着实现国家战略的责任。未来一个阶段，作为世界关键大国，在对外经济文化政治交流和国家软硬实力释放中，中国需要有一批全球城市作为影响释放的依托。上海作为中国的首位城市与全球城市，担当为中国基本实现现代化，中华民族实现伟大复兴的"排头兵""先行者"的角色是义不容辞的战略职责。而国家战略职能的担当，也是上海自身实现全球性地位的主要依托。

历史担当三：上海建设全球城市肩负着以城市化促进人类发展的样板责任。21世纪作为城市化世纪，如何以城市帮助世界"底层十亿"脱贫，促进发展问题的解决，是重要的全球性议题。作为崛起中的最大发展中国家，中国必将在这一问题上发挥巨大作用，上海作为中国的引领性城市，也有责任参与其中，充分发挥自身的样板作用。上海的创新型全球城市实践，能够为广大的新兴城市的崛起，为广大的发展中世界推进"好"的城市化，提供从信心到经验，从理论到援助的，更符合"发展中社会"特点的样板支撑。特别是在"一带一路"建设中，上海担当"一带一路"的骨干城市网络的核心枢纽节点战略责任，更进一步肩负着特殊的开辟"南北"新连接、"南南合作"新模式，拉近全球发展差距的责任。

2. 上海建设全球城市的主要依托

其一，上海中长期发展目标主要基于中国"两个百年"国家愿景的响应。21世纪10至50年代，中国发展将进入全新阶段，由"赶超型"国家向"主导性"国家转变。"美丽中国、两个百年"的提出标志着对于发展评判路径的全面更新，"中国经济升级版"显现出对于经济结构整体升级的追求。上海的全球城市目标，主要作为中国未来实现崛起的率先示范性标杆区域及影响力释放的重要节点，其中，长期发展目标与中国崛起的国家战略相适应。

其二，上海2050目标应与全球发展理念的新变化和全球城市发展的新理念相适应。未来30年，全球经济发展与资源约束、社会需求之间的关系将发生重大变化，世界经济社会发展的基本理念正在发生变化，国际社会对于发展水平的衡量标准从经济规模—质量向低碳、幸福、创新变化。在经济的原动力方面，新科技革命有望成为世界经济发展的新推动力量，使全球经济中虚拟经济与实体经济的不平衡状态发生新变化。

其三，考虑城市发展的阶段性约束条件以及相关约束条件对上海新定位的影响。上海2050年全球城市的主要特征，将从关注经济总量、流量提升的"增长型"城市转向以文明贡献为核心的"成熟型"城市。因此，上海2050全球城市发展目标的建构应以远期"福祉"（well-being）及可持续（sustainability）为主要视角，保持城市"成熟型"阶段的可持续发展，确保世界性文明交流、文明传播的稳定性和长期性。

3.1.3 上海愿景目标的定位内涵

1. 上海2050愿景目标：创新型全球城市

上海2050的目标在于超越"四个中心"，从全球城市1.0版向2.0版的跨越。尽管全球城市作为流量枢纽与控制节点的核心性质不变，但是全球化与全球城市的理论和实践都在持续动态变化。这决定了面向未来30年的上海所要建设的全球城市将显著不同于20世纪80年代末及90年代初形成的全球城市认识，是全球城市的升级版。从总体上看，响应全球化深化的全球城市发展范式正在经历重大调整，在未来将形成从目标、功能到内外部构造的升级——创新型全球城市。

从内涵上看，创新型全球城市包含的主要特点表现为以下几个方面：

一是全球城市终极目标的升华：全球城市的发展愿景正从有浓厚新自由主义色彩的竞争力视野转向"伟大城市"、"美丽都市"等考虑如何为世界、为人类文明做出贡献。

二是全球城市功能角色的深化：全球城市从仅仅成为流量枢纽、控制节点转向同时作为高端需求的集聚地、创新中心、经济社会文化的交流平台和宜居家园。

三是全球城市内部构造的精致化：全球城市从聚焦CBD的服务企业决策总部和专业服务业作用，到多中心、网络化考虑城市内部构造，以响应创新导向的全球城市发展。

四是全球城市外部构造的扩展化：全球城市从强调城市体系、等级到强调以城市群、城市—区域的塑造与整体崛起；从基于生产—服务的城市网络构造升级到基于创新研发的城市网络构造。

在全球城市转型升级的趋势下，基于对全球城市理论演进的判断和对上海实践的期望，上海应将建设全球城市的愿景目标整体升华为：建设"创新型全球城市"。其创新内涵的具体表现为：功能特征的创新拓展、发展范式的创新自信和发展路径的创新部署。对于上海自身发展的阶段性特征而言，上海的"四个中心"建设在 2020 年将到达新阶段，相关经济影响力指标基本达成，在 2030 年，上海的全球城市地位与创新能力水平也有望得到确定。因此，面向 21 世纪 50 年代上海开埠 200 年的战略性历史节点，上海的目标无疑应从单纯经济属性的"四个中心"目标向更高层次的"创新型全球城市"转变。

"创新型全球城市"的核心在于城市中长时段历史地位和影响力的最终形成，具体体现为软—硬实力均衡、流量—创新均衡、规模—质量均衡，在中长期以城市软—硬实力相配合的"巧实力"形成强大的国际吸引力及要素支配能力，超越"东方的巴黎""中国的纽约"等区域性、经济性、赶超性定位，向全球性、综合性、自主性、支配性国际"领袖"城市转变。

2."创新型全球城市"的战略作用

战略作用一：塑造全球性主流文化。上海建设"创新型全球城市"的意义，绝不在于单纯对外部"可编码"要素的复制、传播与利用，而在于率先创造能够对全球文化、经济社会发展方式起"规范—引领"作用的主流文化体系与话语，进而形成超越国家、民族、地理界线的"软实力"影响框架。

战略作用二：建构全球性主流制度体系。上海"创新型全球城市"的制度环境特质，是形成自身国际影响力及全球贡献的重要保障。具有全球领先地位的文化、经济、社会、治理、环境制度体系，是城市形成全球话语权的关键性资源。

战略作用三：形成引领全球的城市发展方式。上海"创新型全球城市"的全球性贡献，突出地表现为其自身的城市发展方式被视为主流模式，被世界大多数城市所接受和模仿。

3."创新型全球城市"目标定位的内涵核心

从国际视角而言，顶级"全球城市"的关键在于文明贡献。"神圣、繁荣、安全"是全球城市文明史论著中对于"伟大城市"的终极归纳。从历史上可称为

"伟大"、具有全球影响力的城市特质看，其全球性作用主要体现在对文明的贡献。雅典贡献了奥运会，罗马—佛罗伦萨兴起文艺复兴，伦敦创办世博会，巴黎奉献了林荫大道，纽约缘起了后现代主义思潮。因此，创新型全球城市的目标在于通过枢纽—策源功能的均衡发展，高水平地运用流量枢纽对创新功能的提升作用，构建具有全球文明贡献的引领性城市。

从国内视角而言，对于中国首位城市而言，"第二个百年"目标，中华民族伟大复兴，也较"第一个百年"目标蕴含了更多文明内涵。以"马斯洛需求"分级视角，未来 30 年，中国社会整体将从物质满足趋向价值实现的升级，其中必然需要首位城市的担当。中国面向 2050 年的崛起，不仅在于物质力量的全球登顶，更在于形成对全球文明新的领导力和贡献。因此，在 2050 这一时点，上海作为中国的首位城市必然是全球城市，需要关注的则是自身在形成对全球要素的顶级控制能力的同时，形成以中国价值取向为核心的全球文明要素集聚、筛选、传播、贡献能力。

3.2 上海 2050 创新型全球城市功能内涵

上海未来对于创新型全球城市的功能把握，在于对全球城市性质的新理解，其核心在于强调流量枢纽功能的升级，创新策源功能的补充和辐射引领责任的担当。这是一项兼顾本地、国家和国际贡献、兼具实践和理论意义的伟大创新、伟大实践，对于人类城市文明发展也具有价值。从总体上看，上海创新型全球城市的功能体系设计主要基于对流量功能的拓展认识，对于创新功能的再认识，以及对传统全球城市"飞地"模式的批判。在此基础上，形成流量枢纽—创新策源—辐射引导"三位一体"的全球城市功能体系。

3.2.1 从"飞地"到"在岸"：全球城市功能设定的理念变化

金融危机后，城市发展的终极目标得到反思，目标趋向发生变化。危机给全球城市带来的巨大冲击，使完全基于全球化、单纯追求资本要素流量的"飞地"式功能体系设定得到反思，在岸化、本土化、根植性、国家利益指向的功能成为未来全球城市功能体系中的重要组成部分。

长期以来，全球城市的功能体系主要基于"离岸发展"的总体思维。这一思维的核心认为：突出城市的国际化，甚至强化全球性联系，可以使城市超越所在区域和国家的发展状态，而从全球化浪潮中汲取活力，达成更好的发展表现，由此在实践中出现"去国家化""超国家化"倾向。但全球危机对于全球城市的发展面向给予了警示。离岸模式的全球城市建设，往往是突出强调了城市的全球抱负与国际面向，几乎狂妄地认为城市可以单纯通过担负国际功能乃至离岸业务、中转职能来达成经济结构与规模的跃升。无论是本次全球金融危机，还是上溯到 20 世纪末的亚洲金融危机和墨西哥金融危机，国际投资从来都是出逃的主力，而受打击最重的恰恰是它们之前蜂拥而至的所谓世界城市。因此，城市的"离岸"热情需要"退烧"，转而强调世界视野与"在岸发展"的结合。

所谓"在岸发展"，就是明确一个前提，即一个城市可以用"超前"但不可能"超越"其腹地的发展阶段而单独获得领先于整体发展水平的目标成果。"在岸发展"可能代表着更为成熟的世界城市发展取向。可以提出两点新共识。其一，采取"在岸发展"战略的全球城市就是强调塑造全球城市的国家目标，谋求根植性（imbeddedness）的发展。其二，"在岸发展"战略强调用本土意识打造全球城市，首先关注和经营好城市自身和直接腹地，以此作为实现或巩固全球城市地位的力量所依。

3.2.2 全球城市功能体系发展的主要方向

1. 方向 1：顺应全球化 2.0 的发展方向

金融危机后，随着对全球化动力的反思，对全球城市的认识，有从 1.0 版向 2.0 版本演变的趋势，这主要体现在全球城市的主体、观念、模式、发展动力发生了变化。从发展模式上看，传统全球城市强调的是基于全球化对自由市场、流量经济的依托，主要体现在要素、商品和信息流量的指数级增长，跨国公司是全球化的主导者。全球化 2.0 强调的是绿色低碳、以人为本、创新创意的新理念。随着新结构主义经济学等有别于传统自由主义经济理念的提出，多元发展模式逐渐成为全球经济发展的主流。从发展动力来看，科技不仅仅是一个行业的突破，也创造了共生融合的集群跨界创新，创造了新的基本价值导向和新的产业物质基础，促进了产业融合发展，知识资本成为关键要素。从时机来看，全球治理整体趋于多样化、多层级，世界综合竞争力对比发生重大变化。

从全球化的微观主体上看，跨国公司从生产成本进入了研发成本竞争，要进行全球部署下的研发外包。而小企业则进一步发育，形成了更加民主化的企业集群，及微创新集成后的重大产业突破。全球生产网络（GPN）日趋与全球创新网络（GIN）相结合。宏观表现为全球化+当地化。小微企业借助电商平台实现跨国经营、国际生产。全球化的上述变化，将促使全球城市本身也将相应发生变化。创新型全球城市的内涵就是因应全球化的内容与运行方式变化而进行整体的发展模式改变。

2. 方向 2：代表新兴城市群体的当地化实践

新兴经济体力量的整体迅速崛起，成为未来世界经济发展的重要趋势。新兴经济体的主要城市，或被称为"新兴市场城市"（emerging-market cities）的城市群体，成为全球城市网络不断扩展的重要推动力量。麦肯锡的研究表明，2007—2025 年，423 个新兴市场城市将提供全球 GDP 增幅中的 45%，这些城市的数量占全球 600 大城市的 70%。

在这一背景下，全球城市的发展，不仅是对于传统全球城市模式的简单引入和复制，而且更加凸显新兴城市群体的特质及影响。从个体间关系上看，全球城市链接的主体不仅是传统的发达区域城市，而将城市间连接的主体进一步延伸到新兴城市群体。在服务面向上，未来阶段的全球城市，顺应新兴经济体整体崛起的背景，将更多体现全球化城市对本土发展的意义及实践作用。

3. 方向 3：代表创新、引导力等网络新内涵的注入

未来 30 年，全球城市的重要转型，基本特征就是其核心组织纽带，正从"全球生产网络"向"全球创新网络"升级。在新科技革命和产业变革趋势的影响下，跨国公司开始进行研发的全球布局，以通过产业创新保持国际引领、导向和控制地位。相应地，全球城市网络的联系基础也从资源、商品、资本的流量枢纽、控制节点向知识、信息和人才意义上的流量枢纽、控制节点升级。在这种新的网络发展趋势下，创新中心功能的注入，有助于全球城市强化自身对全球经

表 3.1　多层级全球城市 2030 战略规划产业目标

城　市	规　划　名　称	2030 产业发展目标导向
首要层级	纽约	《更绿更美好的纽约——2030 纽约规划》	1. 注重绿色环保、开发绿色能源、发展低碳经济；2. 新兴产业如新能源产业（如风能、太阳能等）、节能环保产业（如电动汽车、节能楼宇等）、绿色产业（如绿色食品等）等将得到快速发展
	伦敦	《更宜居的城市——2030 伦敦规划》	1. 强化金融业、航运业、旅游业、商业、文化产业、创意产业、咨询服务业等的国际竞争力，提升英国产业领域资源配置能力和国际话语权；2. 提升产业发展能级和密度，未来产业发展和布局将走向集约化、复合化、融合化的道路
	东京	《首都圈巨型城市群——2030 东京规划》	1. 重点扶持和培育支撑大都市发展的产业，如"城市机能活用型"产业、"社会问题解决型"产业、信息传播产业和信息家电（电子设备）等产业；2. 支持东京未来的创新城市型产业带动日本整体经济发展
次要层级	巴黎	《确保 21 世纪的全球吸引力——2030 大巴黎规划》	1. 强化巴黎大区的经济支柱产业服务经济；2. 在世界规模的第三市场中，总部设址集中，科技研究潜力形成强有力支持，不断上升的动力应该享受到更好的接纳和发展条件
	法兰克福	《网络城市——2030 法兰克福规划》	1. 通过企业在大学和研究机构的投资促进法兰克福生物技术产业发展；2. 发挥法兰克福处于德国和欧洲城市中心位置和多种模式交通联系的优势，发展金融、企业服务、通信技术和媒体、贸易物流和交通管理服务业；3. 创新经济公司由于城市国际化和接近客户而受益，广告、公关、软件和游戏等产业将获得巨大发展机会；4. 博览业的强大带动了近点、商业、旅游等产业的快速发展
	首尔	《全球气候友好城市——2030 首尔规划》	重点发展氢燃料电池、太阳能电池、IT、绿色建筑、LED（发光二极管）照明、绿色 IT、绿色汽车、城市环境整治恢复、废物回收利用和气候变化适应技术等十大绿色技术
次要层级	新加坡	《挑战稀缺土地——2030 新加坡规划》	鼓励和支持高附加值、高技术含量产业的发展、依靠尖端技术，实现高附加值产业和现代服务业"双轮"驱动
	中国香港	《亚洲轨迹都会——2030 中国香港规划》	1. 利用亚太航运中心的枢纽地位，依托发达的沌口贸易和巨大腹地经济资源，大力推进贸易、物流和航空服务业的快速发展；2. 发展旅游会展业，并推动贸易、零售等商业的快速发展；3. 发展文化和创意产业，增强就业和经济基础
	中国台北	《生态城市——2030 台北规划》	重点发展绿色环保产业、文化产业、信息产业、商业、医疗卫生服务体系等产业，其中绿色环保产业将是台北发展的重中之重
	悉尼	《永续性悉尼：2030 年展望》	到 2030 年，至少 46.5 万个就业岗位，其中 9.7 万个为新增就业岗位，金融、高级商业服务、教育、创意行业和旅游产业等就业岗位增加

济、社会、文化、环境发展的表率、影响、导向和控制作用，使其产业影响范围从先进制造业、现代服务业向政治、社会、文化、环境等产业扩张，推动城市环境营造和产业融合、联动、复合、集成发展。

相应地，全球城市体系也从资源、商品、资本的流量枢纽、控制节点向知识、信息和人才意义上的流量枢纽、控制节点升级。重视发挥对全球经济、社会、文化、环境发展的表率、影响、导向和控制作用，产业影响范围从现代制造业、现代服务业向政治、社会、文化、环境等产业扩张。重视城市环境营造和产业融合、联动、复合、集成发展。重视城市整体环境营造而不是的产业促进政策，重视产业之间、产业与就业之间、经济建设与社会建设、城市基础设施建设与交通之间的融合、联动、功能复合与集成发展。更加强调产业发展环境建设，通过营造适宜创业、宜居的城市环境吸引高端人才等稀缺要素集聚，从而直接或间接提升城市产业综合竞争力。

3.2.3 全球城市"流动"—"创新"功能体系的升级趋向

1. 全球城市的"流动"功能升级

全球城市的物质建构基础在于促进国际要素的"流动"，可概括为城市的国际要素"枢纽"（hub）功能。从全球城市的承载要素性质上看，主要有五大要素的流动：商品、服务、资本、人流、信息。全球城市的要素流动是城市的主要功能，但可根据阶段对要素主要流动内容进行划分：初级阶段：城市以促进商品、服务的流动为主，此类全球城市以 20 世纪上半期的伦敦为代表。中期阶段：城市的流动功能以资本、人流要素为主，此类全球城市以 20 世纪中期至 20 世纪末的纽约作为代表。高级阶段：城市流动功能以推动资本、信息为主，此类全球城市 20 世纪末至 21 世纪初的纽约作为代表。进入高级阶段的流动功能已具备创新枢纽的性质。

2. 全球城市的"创新"功能地位提升

全球城市实现外部要素的配置与升级，主要依托于城市的"创新"功能。这一点在全球金融危机后得到诸多城市的响应。"创新"功能，可概括为城市的"策源"能力。而从全球城市的功能发展特性上看，其"创新"功能可进一步分为创新枢纽功能和创新策源功能。

创新枢纽功能，主要指全球城市对于各类型创新要素和创新活动的汇聚、筛选、传播能力。创新策源功能，主要指全球城市对创新的塑造和原发能力。创新策源可分为应用性创新与文明型创新两类。其中，应用性创新主要指文化创意、科技创新、商业创新、管理创新等具有直接应用价值的"硬创新"。而文明型创新主要指知识创新、思想创新、体制创新、文化创新等"软创新"。

对于全球城市而言，在城市的创新功能分解中，创新枢纽功能相对最为重要。这是由于全球城市具备独特的要素流动枢纽功能，因此，其资本、市场、服务等优质资源能够对于创新起到相较其他城市更为重要的支撑作用。创新的枢纽功能，能够识别、支持，乃至通过强大的市场力量塑造创新能力和创新路径。因此，创新型全球城市中创新枢纽功能在创新体系中居于中心地位。

3. 全球城市功能的"主—副"结构定位分析

从功能的基础性作用上看，"流动"功能始终是全球城市的主功能，未来全球城市的发展仍将围绕其自身的流量枢纽地位而展开。即便在全球化动力发生变化，创新创意成为时代新趋势的阶段，全球城市的核心竞争力仍是其对要素发挥的枢纽作用。

在创新功能的层次中，创新枢纽功能的重要性也反证了全球城市的核心功能仍是流量枢纽与控制节点（流动功能）的趋势，而创新功能从整体上看，仍是全球城市的副功能。

从全球城市发展的历史上，不难看出，只有少数全球城市最终成为创新的策源城市，但这些城市的流量枢纽功能仍然得以保持，因此不存在创新策源替代要素枢纽功能的情况。对于顶级全球城市而言，枢纽功能能级的筛选仍是十分严酷的。从 GaWC 项目组对全球城市等级 2000—2010 年 10 年间的测度可以看出，处于 α++ 层级的城市，始终只有纽约和伦敦两个。这是由于这两个城市在策源与枢纽作用方面始终保持同步与均衡。

反观全球城市网络中大量的知名创新城市，如波士顿、巴黎、海德堡、旧金山等，其创新的要素不可谓不富集。但城市的传播能力和枢纽功能受到约束，从而使这些城市只能保持创新发起城市的定位（如创新城市、创意城市、文化名城、大学城等），而无法成长为具有支配力的顶级全球城市。

从性质上看，未来30年，创新能力将成为决定全球城市地位的关键因素之一。创新功能是全球城市变"流量"为"存量"的核心功能。但创新的"策源"功能与仍将依托与流动的"枢纽"功能达成效用最大化。危机后，对全球城市的新认识也主要在于"策源"与"枢纽"的均衡发展，以及二者均衡发展对城市历史地位形成的终极作用。因此，未来全球城市功能的主—副结构上，枢纽功能应居于首位，策源功能起到支撑和辅助作用。

3.2.4 上海与主要全球城市的功能对标

1. 流量功能对比

根据全球城市"流量"功能，从港口枢纽、航空枢纽、金融枢纽、人员枢纽、数据枢纽5个维度对全球流量经济（货物、服务、人员、资金和信息）25枢纽全面考察。

2个城市处于第一集团，纽约、香港在5个维度上都进入全球前25位。

6个城市处于第二集团，伦敦、东京、洛杉矶、旧金山、新加坡、迪拜分别在4个不同流量维度上进入全球前25位。

7个城市处于第三集团，上海（货物、服务、资金）、北京/天津（货物、服务、信息）、吉隆坡、芝加哥、巴黎、法兰克福、华盛顿分别在3个不同流量维度上进入全球前25位。

11个城市处于第四集团，广州、布鲁塞尔、汉堡、雅加达、达拉斯、阿姆斯特丹、首尔、多伦多、迈阿密、悉尼、维也纳分别在2个不同流量维度上进入全球前25位。

课题组基于上海与全球主要城市功能对标研究表明：当前全球城市仍然保持金字塔结构，上海"四个中心"的国际功能基本建成，但对于全球流量经济的控制仍属于较低层次。主要短板转变为对于影响信息、人才流动的创新枢纽功能。

2. 上海"四个中心"功能水平分析

《上海城市总体规划（1999—2020）》确定了上海建设国际经济中心、国际

表 3.2 全球经济流量 25 枢纽比较

排名	港口枢纽 货物流	空港枢纽 货物、服务、人员流	金融枢纽 资金流	移民枢纽 人员流	信息枢纽 数据和通信流
1	上海	亚特兰大	伦敦	纽约	法兰克福
2	新加坡	北京	纽约	洛杉矶	伦敦
3	香港	伦敦	香港	香港	阿姆斯特丹
4	深圳	芝加哥	新加坡	多伦多	巴黎
5	釜山	洛杉矶	东京	迈阿密	纽约
6	宁波	迪拜	苏黎世	伦敦	洛杉矶
7	广州	巴黎	波士顿	芝加哥	斯德哥尔摩
8	青岛	达拉斯沃斯堡	日内瓦	悉尼	旧金山
9	迪拜	雅加达	法兰克福	旧金山	迈阿密
10	鹿特丹	香港	首尔	莫斯科	东京
11	天津 / 北京	法兰克福	多伦多	休斯敦	新加坡
12	高雄	新加坡	旧金山	巴黎	米兰
13	吉隆坡	阿姆斯特丹	卢森堡	迪拜	香港
14	汉堡	丹佛	芝加哥	利雅得	莫斯科
15	布鲁塞尔	广州	悉尼	华盛顿	汉堡
16	洛杉矶	曼谷	上海	达拉斯	马德里
17	丹绒柏乐巴斯 （马来西亚）	伊斯坦布尔	华盛顿	墨尔本	华盛顿
18	厦门	纽约	蒙特尔	新加坡	维也纳
19	大连	吉隆坡	温哥华	吉达	布鲁塞尔
20	长滩	上海	维也纳		布拉格
21	不来梅	旧金山	卡尔加里 （加拿大）		哥本哈根
22	林查班（泰国）	夏洛特	吉隆坡		华沙
23	雅加达	旧金山	摩纳哥		布达佩斯
24	纽约	拉斯维加斯	卡塔尔		北京
25	东京	首尔（仁川）	迪拜		台北

金融中心、国际贸易中心和国际航运中心（简称"四个中心"）和社会主义现代化国际大都市的目标，并进一步细化了时间表，即到2010年全面建成"四个中心"的框架；到2020年基本建成"四个中心"。本课题组认为，在全球范围的城市中，实际上还存在着一些有关城市影响力的评价共识。因此到不必介意是上海是否自我设定了若干标尺。关键是国际社会是否对于上海的具体定位功能给予了肯定。

课题组选择了7套较有代表性的国际城市指标对上海"四个中心"功能开展评价。这7套指标体系包括综合性评价体系、专项功能评价体系。其中，城市综合功能评价体系为麦肯锡"全球流量经济枢纽城市"研究和《全球城市实力指数》研究。城市专项功能评价体系包括：全球化与世界城市（GaWC）城市联系度指标（GNC）、新华—道琼斯国际金融中心发展指数、新华—波罗的海航运指数研究、2thinknow创新城市研究、普华永道的《机遇城市》。

综合评价方面，在麦肯锡全球研究院《数字时代的全球流量》的研究中，上海整体处于第三集团，但除港口货运排名第一外，航空和金融排名仍比较靠后，分别位于21位和16位。人员流动和信息流动则没有进入全球前25位。与上海同处第三集团的美欧城市，则恰恰依靠人员、信息和资金流动功能的突出表现。在森集团《全球城市实力指数》的研究中，上海综合排名位于第14位。

在国际金融中心功能评价方面，在新华—道琼斯国际金融中心发展指数综合排名中，上海较高，居纽约、伦敦、东京、香港和新加坡之后，为第六名，显示出上海初步具备了金融方面的核心竞争力，但总体上仍属于第二梯队。

在国际贸易中心功能评价方面，GaWC通过对企业网络在城市中的分布进行打分，得出各城市的"全球网络联系度"（GNC）值。从2000—2010年的考察看，上海在GNC值的全球排名从第28名上升到第6名，充分说明了上海在全球贸易服务领域地位的快速上升，上海基于企业的生产联系，与世界城市网络中其他城市保持密切联系。

在国际航运中心功能评价方面，在新华—波罗的海航运指数排名中，上海位居全球国际航运中心排名第7位，进入国际航运中心第一梯队。此外，在麦肯锡的有关研究中，上海在空港枢纽（人、货）中的全球排名位于21位。

整体上，可以判断上海已实现了基本建成"四个中心"的目标。上海自"四个中心"的相关单项评价上都进入或接近全球前十的位置。具体而言，上海在对外开发与吸引跨国公司、产业经济包括高等级的金融产业、对外贸易、基础设施建设、社会安全等方面都已经取得突出成绩，在硬件方面已经初步具备全球城市的水平。

与此同时，上海城市功能的主要短板则已从四个中心转向创新中心功能。在与创新创业能力相关的评价方面，上海的排名位置基本上还处在全球 20 位上下。这也影响到了上海的综合性城市排名，也处于 20 位上下。

3.2.5 上海 2050 "创新型全球城市"功能的主要特征

基于上述对全球城市功能体系变化趋势的分析，以及上海自身功能指向的特征，上海未来对于创新型全球城市的功能把握，在于对全球城市性质的新理解以及对自身战略职能的深入认识。从总体上看，上海 2050 全球城市的功能架构主要由三大功能组成，即：流量枢纽功能、创新策源功能、辐射引领功能。对于三大功能内涵的理解，其核心在于把握三大功能未来的动态变化和相互关系，即强调流量枢纽功能的升级，创新策源功能的补充和辐射引领责任的担当。同时，从功能间关系上看，流量功能与创新功能之间存在较为紧密的互动关系，因此可作为功能群组进行设定，辐射引领职责更多体现为全球城市的国家战略与全球职能担当，可视为宏观意义层面的战略目标功能。

从总体上看，"全球城市"的功能体系从理论到实践上是动态发展的，其核心在于"流动""创新"两大功能的互动。从未来 30 年的发展上看，全球城市功能变化应考虑两大功能在不同时段的相互地位，及主要驱动核心。

基于上述判断，上海建设创新型全球城市的具体功能特征主要体现为：以全球金融中心、全球信息中心为核心，以全球航运中心和全球贸易中心为先导支撑的全球流量枢纽；以创新汇聚、筛选和释放功能为核心，自主创新与开放创新兼备的全球创新策源地；与长三角地区协同构筑世界级城市群和全球城市—区域，担当起对内衔接中国东部沿海地带和长江经济带、对外衔接丝绸之路经济带和新海上丝绸之路的"三带一路"核心流量枢纽和控制节点的辐射引领功能。

3.2.6 上海2050"创新型全球城市"的"流量"—"创新"功能互动

1. 上海2050"创新型全球城市"的流量枢纽功能

在可预见的未来，要素流动仍是全球繁荣的本质。随着技术与认识的发展，流动的要素已从早期的原材料、制成品向中间品、资金、人员，再向服务、信息扩展。为此，创新型全球城市相应担当的枢纽功能是服务于物质流、服务流、资金流、人员流和信息流等五大流量。其中，金融中心和信息中心的功能更居核心位置，贸易中心和航运中心功能处于先导、支撑的位置。

就上海建设创新型全球城市而言，2050年的战略功能体系中，"流量枢纽功能"仍应是最为主要的核心功能。在二级功能层次上，则主要应从"全球贸易中心""全球航运中心"优势，转向塑造"全球金融中心"和"全球信息中心"优势。

2. 上海2050"创新型全球城市"的创新策源功能

创新是活力之源。传统全球城市的理论与实践缺乏对创新的深刻认识，进而在全球城市的策源功能上没有给予专门设计。千年之交，恰恰是一批不在传统全球城市视野中的新兴城市得以主要基于创新策源而崛起为新一代的先锋城市、标杆城市。人类城市文明史已反映了是否创新既是各时代的中心城市是否得以崛起的关键原因，也是一大批名城衰败的核心诱因。面向未来，创新型全球城市的内涵设计必然涉及对创新响应，即策源功能。但是，在策源功能的内涵方面，不同于一些创新发起城市（诸如海德堡、牛津、剑桥、坎布里奇、硅谷小城市群、特拉维夫、新竹、班加罗尔、巴塞尔、威尼斯等知识、科技、研发、文化创意名城），全球城市更具核心竞争力的是作为创新中心城市的汇聚、筛选、释放三项子功能。

世界科技史和世界文明史一再证明了，真正推动人类文明进步的，是得到规模化应用的创新（无论是知识还是技术、管理、艺术）。因此，具备推动创新规模化应用能力的创新中心城市才是真正的策源地。这样的城市才是为创新做出最大贡献的城市，同时也是从创新中获得最大收益的城市。以流量枢纽和控制节点为核心性质的全球城市，恰恰在创新的规模化应用上具有难以复制的核心竞争力。

因此，创新型全球城市相应担当的策源功能既包含自主创新，更包含开放创新，而创新的汇聚、筛选、释放三项子功能是其他城市所难以复制的核心竞争力所在。

就上海建设创新型全球城市而言，"创新策源功能"是需要优先提升的关键功能。在二级功能层次上，则主要应坚持开放创新，发挥"创新汇聚平台""创新筛选平台""创新释放平台"的功能，通过对于创新的规模化应用，形成上海的创新核心竞争力。

3. 基于"流动—创新"框架的上海全球城市功能发展目标阶段判定

（1）阶段一："枢纽"（hub）功能主导阶段（2010—2030）。

初级阶段（2000—2010年）：聚焦"四个中心"建设，流量功能主要承载要素为商品、服务。其功能结构包括：

航运功能：货物流量转运为主，主要与贸易、金融功能配合；

贸易功能：商品贸易为主，主要与航运、金融功能配合；

金融功能：对外服务为主，主要与航运、贸易功能配合；

创新枢纽功能：概念谋划；

创新策源功能：基础建设。

中级阶段（2010—2020年）："四个中心"功能基本建成，流量功能主要承载要素：商品、服务、资本、人流。其功能结构包括：

航运功能：货物流量与航运服务并重，主要与贸易、金融功能配合；

贸易功能：商品贸易与服务贸易并重，主要与金融、航运功能配合，与创新功能形成初始配合框架；

金融功能：内外服务兼顾，主要与贸易、航运功能配合，为创新功能提供资本支撑；

创新枢纽功能：框架完成，形成与贸易、金融的初始互动模式；

创新策源功能：应用性创新形成独特优势，文明型创新基础构建。

高级阶段（2020—2030年）：四个中心全面建成，达到2010年代伦敦、纽约的水平和功能，即建成流量枢纽和控制节点意义上全球城市。该阶段的功能体系仍以"枢纽"功能为主，但要素承载将以资本、信息为主。其功能结构包括：

航运功能：航运服务占据主导地位，主要与贸易、金融功能形成以服务为主要领域的配合；

贸易功能：服务贸易占据主导地位，主要与金融、航运功能配合，对创新功能形成平台作用；

金融功能：形成以人民币国际化为基础的金融中心，主要与贸易、航运功能配合，为创新功能提供资本产品创新支撑；

创新枢纽功能：创新集聚功能达到全球领先水平，形成与贸易、金融较为紧密的互动模式；

创新策源功能：应用性创新达到国际先进水平，文明型创新形成独特优势。

（2）阶段二："枢纽"—"策源"（sourcing）互动阶段（2040—2050年）。

初级阶段（2030—2040年）：城市发展转向流量和创新并重，超越2010年代的纽约、伦敦功能，建成"创新导向的全球城市"。但是，"创新导向的全球城市"仍不是上海追求的终极目标，而只是一个过程目标。其功能结构包括：

航运功能：航运服务为主导，建构国际航运规则话语权，主要与贸易、金融功能形成以服务为主要领域的配合；

贸易功能：服务贸易占据主导地位，并形成全球性贸易中心，主要与金融、航运功能配合，对创新功能形成引导作用；

金融功能：形成全球顶级金融中心，主要与贸易、航运功能配合，为创新功能提供全球金融资源支撑；

创新枢纽功能：创新筛选功能达到全球领先水平，形成与贸易、金融高度紧密、高度国际化的互动模式；

创新策源功能：文明性创新达到国际先进水平，建成应用性创新的全球性源头。

高级阶段（2040—2050年）：城市发展的策源功能与枢纽功能达成均衡，超越同时代顶级全球城市，形成以城市文明、创新、制度为核心的全球性"软实力"影响体系，城市发展特征超越单一依赖要素流量的"枢纽"点定位，成为以信息、技术、文化、价值观全球传播及塑造功能为主要功能的全球性空间，最终建成"伟大的"、列入人类文明史的全球城市。其功能结构包括：

航运功能：航运服务为主导，形成国际航运规则主导权和制定权，主要与贸易、金融功能形成以服务为主要领域的配合；

贸易功能：服务贸易占据主导地位，并形成全球性贸易中心，对创新、金融、航运功能形成均衡配合体系；

金融功能：全球顶级金融中心，主要为创新功能提供金融支撑，与贸易、航运功能配合；

创新枢纽功能：创新传播功能达到全球领先水平，全球性创新集聚—筛选—传播功能体系，形成与贸易、金融高度紧密、具有国际话语权的互动模式；

创新策源功能：依托高能级的创新枢纽功能，文明性创新与应用型创新达到全球引领水平。

3.2.7 上海 2050 "创新型全球城市" 的辐射引领功能

1. 上海全球城市辐射引领功能的层次与内涵

辐射是全球城市的属性。有关 "全球城市—区域" 的研究就是将全球城市与其功能运行的直接腹地作为一个整体予以考虑；有关 "全球城市等级体系" 研究就是循着各个全球城市辐射力的范围和强度予以划分。全球城市的崛起、成长就集中表现在辐射范围的扩展，顶级全球城市的竞争就是聚焦在全球尺度的辐射力和对于 "世界中心地带"（或是世界经济重心迁移）的控制力。在全球化深化和人类发展的高度，创新型全球城市的辐射属性之中，理应增加促进包容性发展，推动 "世界中心地带" 扩展，辐射 "边缘地带" "去边缘化" 的考虑。

上海提出的创新型全球城市，其辐射力的面向选择体现着城市的责任所系。飞地型的全球城市（曾经的上海、香港，当今的迪拜）不是创新型全球城市的选项。在基本实现现代化、民族伟大复兴和 "一带一路" 国家战略部署之中，上海需要重新校定其 "辐射引领功能"。具体功能指向主要为：进一步发挥 "连接国内与国际两个扇面枢纽" 的功能；承担起构建 "'一带一路'骨干城市网络（丝路城市网络）核心" 的功能；构建新型南北关系和南南合作，担当 "发达与发展中世界新型交流关系桥梁" 的功能。最终实现在形态上，辐射衔接国内 "中国东部沿海地带" 和 "长江经济带" 两大超级城市带；辐射衔接 "丝绸之路经济带" 和 "海上丝绸之路" 两大新地缘经济发展带；辐射衔接 "发达" 和 "发展中" 两个世界。

2."一带一路"首位城市：上海全球城市国家辐射引领功能的重要依托

传统全球化理论的出发点是基于西方（传统认知的"北方"世界）中心史观。过去 30 年，上海建设全球城市首先是同"北方"世界的全面衔接。但"一带一路"战略提出之后，中国重要的地缘战略中心是对"南方"世界的全面辐射，即发展中国家，新型市场世界。"南方"世界的城市网络尚不完善，全球化的融入程度仍有限，需要大力投入予以开辟。中国连接亚非欧洋的"一带一路"战略恰恰是要开辟这块新的地缘战略拓展空间，其影响力将在未来数十年间逐渐释放。

在这一新的战略图景下，上海的全球城市发展的依托方向设计必须转变思路。未来 30 年，上海建设全球城市必须以中国地缘战略转变为核心，明晰自身担当国家战略的职责，以"一路一带"首位城市为自身定位，开辟全球城市网络的"南方"，重新审视自身的影响力方向与功能组织，输出我们的资金、经验、技术、管理，形成世界影响力。这就是上海发展全球城市的"蓝海"。

"一带一路"是中国依托"世界岛"地缘优势，首次明确形成自身地缘战略拓展方向的重大战略，其影响力将在未来数十年间逐渐释放。这一战略的实施，不仅需要项目、资源、外交支撑，更需要确定"战略支撑点"及主要空间依托。上海建设全球城市必须以中国地缘战略的战略性转变为核心，明晰自身担当国家战略的职责，以"一路一带"首位城市为自身定位，明确创新型全球城市发展的地缘战略指向。主要发展重点有如下几个方面：

其一，上海建设创新型全球城市的地缘战略依托体系。

地缘依托："一带一路"是上海建设全球城市的重要地缘战略依托，为上海未来发展提供重要战略功能拓展方向。

国家战略：上海担当"一带一路"首位城市功能，是未来作为全球城市承担国家战略的主要定位。

网络定位："一带一路"首位城市，是上海摆脱传统世界城市网络体系"北方"特征，明确"南方"城市网络核心节点的重要契机。

潜力方向："一带一路"国家与城市的"发展中"属性，将为上海未来全球城市建设提供主要的影响力拓展潜力及互动空间。

其二，上海担当"一带一路"首位城市的内涵。

上海担当"一带一路"首位城市的内涵包括以下四个方面：

构建具有本土根植性的中国全球城市，去除全球城市的"飞地化"缺陷；

以"丝路城市"等新兴城市群体为要素互动节点，形成更为完整的城市互动网络；

以"一带一路"新兴城市网络为依托，与传统全球城市形成"伙伴"而非"替代"的相互关系；

形成"一带一路"与"长江经济带"内外联动的战略结合点。

其三，上海"一带一路"首位城市的功能布局。

网络地位：上海应关注"丝路城市"网络的建构，利用自身要素集聚能力的优势，使自身成为"丝路城市"网络居于主导地位的核心枢纽。

金融中心：上海在未来以人民币国际化为主要战略导向，将形成全球性金融中心，而这一金融中心不仅应集聚发达区域金融机构及相关服务，更应将"一带一路"区域内的新兴国际金融机构作为主要增长方向，形成新兴金融资源的集中地与运行区。

服务中心：上海应进一步提升全球面向的服务能力，使自身成为吸引全球企业参与"一带一路"建设的综合服务者。

总部中心：上海在未来进一步集聚跨国公司，建构全球经济决策中心的战略中，应深刻认识既有跨国公司总部在发达国家全球城市选址的"黏滞性"，将视野更多投向新兴经济体，特别是"一带一路"国家快速崛起的企业总部，立足于集聚增量，使自身成为新兴跨国企业总部的集聚地。

软实力投送中心："一带一路"战略的实施，不仅是经济战略，也是中国"软实力"对外辐射的重要举措。上海应主动因应这一重要契机，在未来国际文化大都市的内涵中，更多体现中国文化辐射"一带一路"的影响力投送平台。

绿色发展源头：上海创新型全球城市的定位，不仅体现在经济发展方式的变革上，更体现在城市整体发展模式的全新认识上。未来全球城市对人才、文化、创新等高端要素的集聚，将不仅依赖地缘区位优势，更依托于可持续发展的环境吸引力。上海树立低碳、绿色的可持续发展全球城市，将为"丝路城市"，乃至"一带一路"区域发展各级主体提供科学发展方式的典型样板，也使自身的发展具有全球意义。

3. 区域辐射：上海全球城市辐射引领功能的区域依托

近期全球城市的理论研究趋势表明，全球城市不是一个简单集聚国际化要素的"城市飞地"，而是具有空间延展性和"广度"的区域化经济空间集合体，即所谓"全球城市—区域"（global city-region），其空间组织上更倾向于网络化而非等级化。全球城市网络研究的权威学者彼得泰勒撰文强调："以往把城市间关系概念化的时候比较强调'城市等级'，所以'区域性'在世界城市研究中被相对忽略了"。

而上海的区域协同具有多层次特征，涉及长三角城市群、长三角区域、东部沿海主要城市和东亚地区经济体。其中以长三角区域一体化为核心达成全面协同发展，是实现上海引领全球城市—区域整体崛起，以区域力量提升全球城市地位的远期抱负的关键着力点，也是上海的核心外源动力。因此，对于上海而言，中长期的发展应该从立意之初就立足于长三角区域范围来考虑。其主要的区域发展目标为以下几个方面：

其一，担当区域经济结构优化的引领者。上海需要要将自身的结构调整放在国家战略和长三角区域一体化的高度同兄弟省市统筹思考相关产业的技术储备、产业基础、人才和资本要素调配和集群布局。其中特别是要求上海有为整个地区共同发展的结构优化提供"公共产品"的风度和气度，以区域的整体发展体现上海结构转型的成果，以区域经济的总体国际竞争力提升来实现上海的"四个中心"国际地位。

其二，推动区域整体"空间升级"。上海中长期发展主要措施之一就是响应"空间压缩"，实施"空间升级"，以培育形成"全球城市—区域国际竞争力"。规划工作应把区域性总体发展从作为"上海发展规划的考虑背景"，主动转向作为"上海发展规划的影响力投放范围"；同时也把长三角的发展对于上海的作用力作为上海发展规划的影响因子，以此设计"空间升级"导向的经济、社会、公共管理等方面的具体措施。

其三，构建区域性社会服务体系。上海应树立"社会和谐也是核心竞争力"

的认识，按照全球城市—区域的社会特征，建设开放性区域整体社会服务系统。即社会服务的覆盖面应为常住人口，社会设施承载量设计和实际提供要涵盖实有人口；同时立足于梯次性设计社会政策，形成符合各类社会人群需要的社会政策、社会服务和措施方法。社会发展举措应主动配合区域协同，正视上海的医疗卫生、教育体育和文化娱乐等社会事业的服务半径已经覆盖长三角地区的事实，充分发挥上海社会政策和社会服务方面的综合配套能力和双向开放的先锋作用。

其四，形成区域性"复合治理"体系。上海应以"复合治理"体系响应区域协同，即以公共服务区域化、社会化、多元化为突破口，打造小政府、大市场、强社会的区域协同发展格局。应实施区域规划协调政府间的关系；创新公共服务平台和运营模式来打破行政壁垒；建立利益共享的区域项目机制来形成大市场格局。

3.3 上海全球城市发展范式

从发展范式上看，创新型全球城市之"新"，除了在功能特征上的拓展性认识，更集中表现为对传统全球城市发展中存在的飞地倾向、金融和房地产业独大、社会分割、高碳运行等问题深刻认识和有关发展范式的新理解。未来30年的上海，完全有条件为世界贡献城市化发展的"上海范式"。"上海范式"的选择与设计，必然是上海经验，这一新的发展范式需要综合汲取21世纪以来，以幸福、低碳、包容为代表的，一系列城市发展的新理念、新认识，并实现对中国特色与普遍规律的综合。这涉及建设创新型全球城市的发展目标导向、发展方式、发展的区域视野、依托选择、城市功能体系和推动模式的全面升级。

3.3.1 综合多样：全球城市发展范式的新变化

重新回顾全球城市理论范式的形成过程，可以发现一些认识偏差早已形成。全球理论提出者 Sassen 的其代表作中的确强调了全球城市的生产者服务业（producer service）功能，认为全球城市形成的重要基础是投资全球化和金融证券化，全球城市是专业化服务的供给基地和金融创新产品和市场的生产基地。拉夫堡大学"全球化与全球城市研究小组"（GaWC）根据 Sassen 的这一核心判断，延续并过度放大这一思路，把研究聚焦在生产性服务业，考察全球城市联系度，并得到了全球城市的等级。在全球城市相关数据整体缺乏的情况下，GaWC 以核心领域有限数据的分析成功反映全球城市整体态势的这一研究策略得到了广泛的好评。

但当学术领域的这一发现在向指导实践延伸的过程中，一个认知误区出现了。不少城市的实践者片面地解读为全球城市的经济内涵就是生产者服务业，以致过分强调了城市生产者服务业的发展，而忽视了消费性服务业的地位，制造业更是被"驱逐"出城市。城市内部的产业多元化显著下降；城市之间产业异质性显著下降，主要全球城市已日益成为单调的服务经济。而全球金融危机中，此类功能单一的代表性全球城市——纽约、伦敦、香港往往成为受打击最大的城市。这充分证明了全球城市经济体系单一带来的巨大风险。David Simon 在 1995年就指出："单纯靠发展某一个单项的全球功能，并不是成为世界城市的充分条件"。①

另一方面，20 世纪 80 年代末 90 年代初，在全球城市理论发育形成过程中，也提出了一系列的问题、批评，但这些担忧往往只是被实践者作为全球城市建设中的"不良反应""副作用"而被忽视，而这些恰恰是新一代全球城市的发展中需要避免的问题。这些问题可归纳为四个方面：社会影响、文化影响、驱动模式、城市性质。即全球城市存在的社会分化、隔离与对立问题；全球文化与本土文化冲突问题；驱动力的服务业与制造业、创新要素间的比重问题；全球城市的离岸与在岸发展问题；

从总体上看，后危机时期，全球城市发展范式变化的主要趋势表现为：世界城市服务经济化这一趋势并不会必然导致划一的城市服务经济形态。二三产业融合发展趋势明显。全球城市竞争正从原来以争夺经济流量枢纽功能为取向，转向将创新创意作为同样重要的高端功能予以重视。在这一终极目标的引领下，全球城市在功能角色的定位方面，在追求流量枢纽、控制节点的同时，特别强调经济、社会、文化交流的平台作用。这些定位的变化相应地延伸出城市的新需求，包括新一代基础设施要求，如智慧城市等新兴理念和功能方向得到确认。全球城

---

① David Simon, "The World City Hypothesis: Reflections from Periphery," in P.L.Knox & P.J.Taylor eds., *World Cities in a World System*, Cambridge University Press, 1995.

市作为全球性高端需求的集聚地再次崛起。而这种高端需求既有物质性的，也有非物质性的。如宜居家园、创新中心等均成为全球城市的重要功能支撑。在思想界和国际组织的强势推动下，低碳、幸福等关于全球发展的新范式、新规则相继浮出水面，给出了"理想全球城市"的更为丰富的思考空间。总体上看，全球城市的发展范式远比其初级阶段丰富。

3.3.2 范式对比：市场与规划模式比较

全球城市在发展范式上，主要可分为两种模式。即市场模式和规划模式。前者强调市场力量引导下自然发育的全球城市发展路径，后者强调了后发全球城市在建设中的国家政府力量的推动作用。

从纽约、伦敦、东京三大全球城市的发展历程上看，这两种模式也呈现出较为明显的分野。纽约和伦敦全球城市的形成是长期以来通过贸易确立，经历了一个漫长的过程，是强化国际化和依靠市场力量的"自然发育模式"；而东京全球城市地位确立的背后则有明显国家战略的意图，国家为有意识地推动优质资源向首都圈集聚，使其以"国家冠军"的身份参与国际竞争，是典型的"规划推进模式"。

表 3.3　全球城市发展范式比较

	市 场 模 式	规 划 模 式
类型划分	市场中心，中产阶层	国家中心，自治官僚
典型城市	纽约，伦敦，香港（拉美城市是不成功的反面例子）	东京，首尔，新加坡（巴黎是部分符合）
主要操纵方	跨国资产阶层	国家官僚精英
组织集团	金融跨国公司	同商业活动紧密联系的政府部门，国资企业，大银行
经济理念	自由主义，市场自我调节与规范	发展优先主义，战略性国家利益
生产方式	市场理性逻辑	规划理性逻辑
同世界经济的关系	个人福祉	国家实力
主要目标	利润最大化	市场份额最大化，就业最大化
全球控制能力	私营的生产者服务业集群	政府部委，公众公司，政策网络
产业结构	制造业总部（生产能力散布出去），强调服务业	制造业总部，高技术生产集中，并不强调服务业

3.3.3 全球城市的核心影响力

在不同历史阶段，具有主导性影响力的顶级全球城市发展所依托的核心影响能力在于对引领性创新要素的集聚。在对全球城市的初始研究阶段，各界在全球化快速发展的背景下，过分强调了金融资本控制、流量枢纽。但回顾城市发展史，实际上创新的汇聚和策源一直是 1000 年商业文明中心的崛起规律，只是这一能力往往被掩盖在城市的金融等"显性"功能之下，参见表 3.4。

表 3.4　全球著名中心城市崛起的主要依托

	布鲁日（比利时）	威尼斯	安特卫普	热那亚	阿姆斯特丹	伦敦	波士顿	纽约	洛杉矶
时代	13 世纪至 14 世纪 50 年代	14 世纪 50 年代至 16 世纪	16 世纪 00 年代至 16 世纪 60 年代	16 世纪 60 年代至 17 世纪 20 年代	17 世纪 20 年代至 1788 年	1788 年至 19 世纪 90 年代	19 世纪 90 年代至 1929 年	1929 年至 20 世纪 80 年代	20 世纪 80 年代以来
技术	三区轮作，方向舵	快帆	印刷机	会计算法	运输船工业化制造	蒸汽机	内燃机	电动机	微处理器
规模化服务	商业秩序开端	西方连接东方	书籍	金融	交通工具	工业	工业	工业	信息化
持续年数	150	150	60	60	160	100	40	50	

应当注意的是，引领性全球城市的创新不仅是科技、经济意义上的"硬创新"，更体现为广义创新，即创意设计、技术与管理、科学知识、人文思想等层面的创新。全球城市对广义创新的汇聚、策源、规模化传播、应用能力，决定了城市自身的能级及历史地位。

阿姆斯特丹可被视为促进全球化早期发展的第一个全球城市。应当看到，阿姆斯特丹的历史地位，并不仅仅依存于其贸易制度及金融规则，而是与其自身的科技、文化创新能力，以及城市开放环境的"软实力"息息相关。这一时期，微生物观察、荷兰画派（伦勃朗）、自然法、国际法（格劳修斯 1583—1645）、无神论思想、思想自由、自然权利观（斯宾诺莎）等非经济性创新因素成为阿姆斯特丹全球要素吸引力的重要依托。

伦敦是控制全球经济体系时间最长的全球城市之一。19 世纪初到 1945 年，伦敦利用英国"日不落"帝国的全球性地位，成为重要的全球经济节点城市。但伦敦的全球城市地位并非单纯依靠英镑等进金融资源。在维多利亚时期，伦敦以新古典主义，以及以世博会为代表的工业文明形成了城市的重要影响力。

纽约是当前最具有影响力的全球城市之一。纽约的崛起与美国的国家力量提升息息相关。纽约的影响力释放，一方面依托于自身的金融、贸易、生产者服务业、专业服务业等领域的优势，同时也基于其自身的文化与思想成就。直到二战后，纽约才取代伦敦，成为全球城市的首位成员。这与 1945 年以来，抽象表现主义艺术、后现代主义思潮在纽约的兴盛，使该市的城市氛围与吸引力得到极大提升有很大关系。

对于全球城市的长远发展而言，金融、贸易、跨国公司总部等"无差别"的国际要素流量集聚单元，更多提供城市发展的基础性支撑作用。而城市文化、思想、理念贡献，则是体现城市"识别性"和集聚高水平国际要素的重要条件。一个城市要在全球城市群体中凸显出来，必然有着不可替代的特色，保持和挖掘这些特色，是全球城市发展普遍面临的战略选择。

3.3.4 全球城市发展范式的区域性差异

在欧美发达国家中，全球城市与作为技术极存在的城市有分离存在的特点，由于城市去工业化发展的结果，其全球城市多为经济中心、贸易中心、金融中心、信息中心及交通枢纽等，强调其国际经济枢纽的控制功能和服务功能，更多关注金融、房地产、证券、保险等生产性服务业的发展。

反观亚洲城市，包括日本东京、韩国首尔及中国的北京、上海、台北等城市，往往既是现代服务业最发达的城市，又是国家级乃至世界级的高科技中心，是集现代服务业与先进制造业于一身的综合型全球城市。未来随着第三次产业革命的兴起，作为高科技创新中心的"技术极"城市必将对世界经济发展以及全球城市体系再塑发挥重要作用，创新、创意等要素将与资本一起成为驱动城市综合

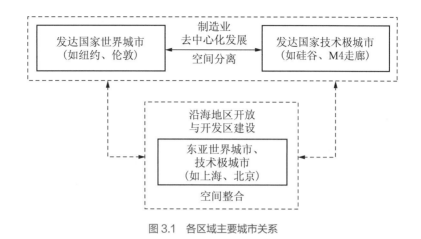

图 3.1　各区域主要城市关系

竞争力提升的重要动力。

3.3.5　上海建设全球城市的发展范式选择

1. 发展目的的人本化

在发展目的上，强调以幸福作为导向。响应全球城市发展的新理念，以人的需求为出发点，以民众的"幸福"作为城市发展的出发点。幸福作为一种新思维，已然从主观体验上升为继国内生产总值（GDP）和人类发展指数（HDI）之后又一个得到多方肯定的可测度的发展评价标杆。在城市层面上，幸福评价纬度的引入更具颠覆性。幸福感的提出，本身就是挑战对于经济实力与水平的单纯追求，而在全球经济活动中的控制力恰恰是经典全球城市理论的核心考虑。因此，上海在创新全球城市的发展目的方面，秉承以人为本的"幸福"标杆，建立"有幸福感"的上海，将成为未来创新型全球城市发展的重要原则。

2. 发展视野的区域化

在发展视野上，关注以城市群为核心的"全球城市—区域"思维。全球城市的发展，在未来将呈现出以全球城市为核心，区域国际化程度整体提升，最终以区域全球化提升核心全球城市对外影响能级的区域性发展方式。上海的创新型全球城市地位，首先应基于长三角、乃至泛长三角"全球首位城市群"地位的形成。只有推动长三角建设为具备顶级全球经济、文化、社会影响力的城市群，方能为上海的创新型全球城市地位提供基础与平台。上海需要具备为整个地区共同发展的结构优化和国际功能升级提供"公共产品"的风度和气度，以区域的整体发展体现上海的全球城市地位等级，以区域经济的总体国际竞争力提升来体现上海全球城市功能的深度。

3. 发展道路的可持续化

在发展方式上，强调绿色、低碳的原则。上海中远期发展的远景，应更多以可持续性作为发展方式设定的出发点。对于后发全球城市而言，低碳发展的挑战是双重的。首先代表着一个新的难度：在后发城市刚刚熟悉一套竞赛规则，并初步显示身手之际，必须适应新的低碳发展规则。从规则改变的时机而言，老牌世界城市不见得不欢迎这种调整。主动改变游戏规则，可能更有利于抑制竞争压力。另一方面，低碳发展对于后发世界城市也预示着一个新的战略机遇，即新崛起城市在初步取得全球化积极效应而相应的社会分隔对立、资源环境压力等负面后果还没有完全显现之际，引入一个新的更为科学的标杆体系，开始了一场与老牌世界城市的初始差距并不那么大的新竞赛。

4. 发展依托的国家责任

在发展依托上，强调"在岸发展"思维。未来30年，中国在全球经济及事务主导权的确立，要求上海全球城市的建设思路，应超越传统全球城市"全球化飞地"的孤立发展原则，以"中国的才是世界的"原则，设定内外均衡的发展依托方向。从更宏观的格局上看，过去30年，上海建设全球城市首先是同"北方"世界的全面衔接。但"一带一路"提出之后，中国重要的地缘战略中心是对"南方"世界，即发展中国家及新型市场世界的全面辐射。"南方"世界的城市网络尚不完善，全球化的融入程度仍有限，需要大力投入予以开辟。中国连接亚非欧洋的"一带一路"战略恰恰是要开辟这块新的地缘战略拓展空间，其影响力将在未来数十年间逐渐释放。

5. 功能体系综合化

在城市功能体系的特征上，上海全球城市的功能指向突出整体综合与内部分工相结合的"双重属性"。其功能依托东亚全球城市服务—生产—生活"一体化"的整体性传统，强调城市的综合服务功能，但在内部服务体系仍强调主体间的功能分工。

6. 市场力量与规划引导融合化

在总体模式框架上，上海未来创新全球城市的发展范式应注重市场与规划模式的兼顾和交融。以塑造中国特色的国际城市运营方式为核心，一方面充分利用市场对于国际要素的高效配置能力，同时以政府发挥中作用的规划手段形成城市的有效治理。以市场能力形成全球高端要素的集聚与升级，以规划能力促成要素的有效与优化配置。

3.4 上海全球城市发展路径

在对上海当前的全球城市发展状况进行评估的基础上，上海面向未来30年建设创新型全球城市的发展路径设计，就是回答在这一基础上，未来如何更全面、高效地动员各方力量、调配各类要素。其实质就是构成了上海有中国特色社会主义城市治理体系与治理能力现代化的主体内容设计，涉及"五大文明"的升级问题和空间区域协同的全方位部署。

3.4.1 上海当前的全球城市发展状态

在本世纪初，上海就对标全球城市，确定了"四个中心"和国际大都市目标，并持续予以推进。课题组认为，对于上海面向全球城市目前所处的条件和现状，应主要基于国际相关主体是否对于上海的具体定位功能予以认可而进行评判。因此，应基于多项国际评价对上海的全球城市功能水平进行综合考察。为此，课题组选择八套较有代表性的国际城市指标对于上海全球城市的定位功能开展评价。这八套指标体系包括综合性评价体系和专项功能评价体系，代表着上海在全球城市多个"赛道"上的情况。指标对比表明上海的全球城市发展状况为：

第一，上海完全有自信到"十三五"期末，基本建成"四个中心"，全面进入全球城市第二方阵，即前十位。

整体上，我们可以较有把握地判断：2010年"四个中心"基本框架建成的确是一个关键节点，上海排名的跃升主要是在这个时点。"十二五"期间，上海整体上已稳居全球领先城市（50个左右城市）的第三方阵。上海全球城市核心要件，即"四个中心"的相关单项评价上，都进入或接近全球前十的位置。国际贸易中心必然进入全球前十位，稳居第一方阵，但顶级国际贸易中心地位难以挑战。国际航运中心必然进入全球前十位，功能和人才人员流拖了硬件和货物流排名的后腿。国际金融中心逼近全球前十位，正由第三方阵向第二方阵跨越。但是，上海在国际金融、贸易、航运等领域的具体功能品质仍有待提升。全球城市的功能也有层次性和质量水平。上海在规模上已形成一定优势，但仍缺少高能级、高品质的具体功能。

第二，上海全球城市建设的短板主要集中于创新环节。

面向未来，上海建设的必然不是20世纪90年代概念上的传统型全球城市。当前，上海城市功能的主要短板则已从"四个中心"转向创新中心功能。与创新创业能力相关的评价方面，上海的排名位置基本上还处在全球20位开外。这也影响到了上海的综合性城市排名，还没有完全超越第三方阵。面向未来，上海强化"四个中心"，提升"科创中心"的全球城市建设基本框架，将有力支撑上海到2020年全面进入全球城市的第二方阵（前十位），为2050进入第一方阵，成为全球城市领跑者形成重要保证。

3.4.2 政治发展路径

作为领先发展的城市，上海有条件率先实践更为全面的民众治理原则，更为彻底地保障市民的主要权利；作为全球城市—区域的核心城市，上海应当更深入地同兄弟省市开展区域合作并寻求制度与组织保障；作为谋求全球影响力的全球城市，上海有必要争取更大的授权，开展更为主动的地方政府外交，争取更多的国际组织和机构在沪落户或创办。

对于全球城市而言，实现区域的有效治理，首先在于保护城市域内主要行为主体和利益相关方的基本权利。上海2050的全球城市发展，需要以国际惯例为原则，形成对全球城市市民社会主体参与的基本保障，在制度层面成为全球城市的典范标杆。同时，在区域层级上，应树立"制度同城化"的思路，不仅在基础设施、经济往来、文化交流、社会保障等方面形成一体化态势，更应在制度与组织层面达成以上海为核心的全球首位城市群的制度共同体，进而实现区域组织机制方面的"零阻力"特点。在全球层面，应积极、系统谋划上海作为创新型全球城市的国际政治、经济制度推进职能，在城市伙伴层面扩大城市外交的规模与能级，在"高政治"的国际关系层面承担全球治理机构的空间载体职能和大事件的主要承担节点作用。

3.4.3　经济发展路径

上海未来创新型全球城市的建设，需要强调要素流动功能与制度环境功能的综合匹配；通过更高水平的自由贸易制度探索，参与与引领全球更高水平的贸易、投资制度，实现要素流动的升级；通过创新生态系统建设，达成创新驱动，与投资驱动实现双模运行。

纽约、伦敦等全球城市的中长期发展战略不约而同地显示出，创新已被普遍视为经济发展的主要引擎。从未来30年的发展趋势来看，上海城市经济体系将从工业经济、信息经济向知识经济的跨越，是在可预见的未来实现自身经济健康、可持续发展主要方向。创新要素作为知识经济的基础，自然在城市的经济转型中被视为重中之重。上海从关注资本流量、以投资驱动为增长动力的传统"赶超型"增长模式，向以"资本—创新"驱动为核心的"内生型"增长模式的转变，是全球城市目标的重要基础。

上海 2050 全球城市的经济发展路径强调要素流动功能与制度环境功能的综合匹配。通过自贸区试验与复制，在中长期阶段参与与引领全球更高水平的贸易、投资制度，实现要素流动的升级。通过创新生态系统建设，达成创新驱动，与投资驱动实现双模运行。

3.4.4　社会发展路径

上海应聚焦"包容性＋有效治理"的动态稳定社会体系。包容性建设应关注多领域互动，实现包容性创新、文化包容性、社会包容性的并行与融合；同时推进分层、多元、多手段有效公共治理，有效解决社会过度分化、对立的全球城市通病，提供一个包容、和谐、公正的创新型全球城市范例。

全球城市的中长期发展趋势中，关键的环节在于将把保持包容性与社会和谐作为与建成国际枢纽地位同样重要的目标，或者把社会和谐内化为世界城市的基本要求。将城市视为人类社会发展的一个载体，而不是人类生存竞争的一个场所，相应地城市发展重心也转向经济功能、社会功能、文化功能的多重开发，以此来弥补或者防止社会分化，促进经济、社会协调发展，创造一个既有竞争又充满关爱和自信的城市氛围。对于这项目标，公民社会某种程度上更合适担当主导角色。这就进一步考验政府的自信，能否从善治走向共治。

上海 2050 全球城市的发展需要社会发展路径的全面更新，应聚焦"包容性＋有效治理"的动态稳定社会体系。其中包容性建设应关注多领域互动，实现包容性创新、文化包容性、社会包容性的并行与融合。同时推进全球城市的有效治理，在未来 30 年社会"马赛克化"趋势下，实现分层、多元、多手段治理。

3.4.5 文化发展路径

上海应以复兴海派文化意识作为主要原则，推进国际各类文化交汇、交流，进一步更新海派文化内涵，进而形成中国文化的世界表述。其间主要经历三个阶段，首先是复兴对于多元文化开放包容的城市文化基因；其次是以城市经济实力支撑的购买力和传播力掌握对文化风尚的掌控能力，最终以文化融合与原创能力引导文化潮流。

文化是上海建构"创新型全球城市"的重要基础。上海应以"复兴海派文化意识"作为主要原则，推进国际各类型文化交汇、交流，进一步更新海派文化内涵，进而形成中国文化的世界表述。

根据上海的文化创新能力基础及中长期文化发展趋势，针对未来全球文化大都市及"创新型全球城市"的总体目标，可划分为三个阶段：即 2020 年基本建成—2030 年功能完善—2050 年全面建成，其影响力对应"全球广泛影响力文化大都市""全球知名文化大都市"和"全球顶级国际文化大都市"，全面激活城市文化创新活力，服务国家总体战略。

3.4.6 生态发展路径

应响应气候变化大趋势与经济社会可持续的低碳发展道路；注重解决公众关切的变化，特别是进入成熟社会后从财富到健康、幸福的诉求；从宏观上应对海平面上升等气候变化大趋势，在技术上实现低碳技术应用、发展路径的全球引领。

全球城市的中长期可持续发展，关键表现在于对城市运行方式的低碳取向、绿色发展。从早期的花园城市、生态环保到绿色低碳，城市发展的理念从关注城市自身的清洁卫生、可持续逐渐提升到关注城市对于全球可持续发展的引领责任问题上。

上海2050中远期的生态发展路径应响应气候变化大趋势与经济社会可持续的低碳发展道路。注重解决公众关切的变化，特别是进入成熟社会后从财富到健康、幸福的诉求。从宏观上应对海平面上升等气候变化大趋势，在技术上实现低碳技术应用、发展路径的全球引领。

3.4.7 空间发展路径

上海未来空间发展路径应遵循"紧凑型＋多中心＋区域化"的多层次"理性增长"原则。其中心城市基本空间单元保持紧凑特性，内部空间采取多中心布局；在区域层面构建网络性的全球城市—区域。应基于专业化分工原则，将全球等级的功能在区域尺度上予以部署。

综合各国主要全球城市的空间发展战略，其主要趋势均表现为从大都市到大都市圈的多中心城市体系构建；从铺张到紧凑的城市优化路径选择。具体包括：第一，高密度和临近开发模式；第二，基于公共交通系统的城市区域联系；第三，地方服务和工作的可达性。

上海2050的未来空间发展路径应遵循"紧凑型＋多中心＋区域化"的多层次"理性增长"原则。其全球城市基本空间单元保持紧凑特性，内部空间采取多中心布局。在区域层面构建多层、网络性的全球城市—区域。

3.5 上海建设全球城市的主要约束及应对方向

面向未来30年，上海城市发展的主要特征是从关注经济总量、流量提升的"增长型"城市转向以文明贡献为核心的"成熟型"城市。因此，考虑上海发展的障碍风险，应以远期"福祉"及重大扰动为主要视角，考察对上海发展产生实质影响的重大问题。

3.5.1 总体考虑

从世界主要全球城市的中远期规划特征上看，对于未来30至40年的城市发展约束，基本从城市的可持续发展、长期社会环境变化角度进行布局，对经济、政治等"动态性"因素的限制性作用考虑较少。而上海2050年的主要特征，是从关注经济总量、流量提升的"增长型"城市转向以文明贡献为核心的"成熟型"城市。因此，考虑上海发展的长远约束约束问题，应以远期"福祉"(well-being)及可持续(sustainability)为主要视角，考察对上海发展产生远期实质影响的重大问题。

3.5.2 长远约束问题类型

1. 突发灾害问题

此类问题几乎是上海担当全球流量枢纽和控制节点的代价，并将持续对城市运行形成压力。历史上有不少名城就应某次突发灾害打击而一蹶不振。相关问题包括：极端自然灾害（对上海尤其表现为极端天气灾害）对于全球城市高度集聚的生命、财产和功能的打击；高危传染性疾病的爆发；城市生命线（更高频次表现为城市交通）遭遇恶化瘫痪；人为恶性事件与社会骚乱。

2. 长期趋势性变化问题

此类问题是在未来较长阶段将对上海发展带来影响的持续性、长期性、无法避免的趋势性问题，主要影响的是上海的可持续发展领域。相关问题主要包括：气候变化引发的城市环境危机；人口老龄化的城市适应性；人口结构变化引发的社会冲突。

3. 价值标准变化问题

此类问题是城市进入成熟期后，因民众的发展价值观、主体需求变化和提升而产生的新约束和挑战。此类问题主要影响上海作为创新型全球城市的长期性领域。相关问题包括：对于民众权利的更高水平的诉求；城市新生代和新上海人对于海派城市精神与核心价值观的认同问题；能源、水源、空气等城市基本服务的更高质量要求；公共卫生与人民健康的更高标准保障诉求；全球城市必然出现的国内—国际多源、多层、多代移民的交融挑战。

3.5.3　上海应对长远约束问题的主要策略

面向2050"创新型全球城市"的战略目标，上海应提前布局城市从"增长型"向"成熟型"转变过程中的战略体系，构建适应创新型全球城市对环境、社会、外部资源供给、卫生等中长期发展的应对体系。对于以上问题的应对主要可以归纳治理能力范畴和治理体系范畴：技术应对、空间应对、体制应对和文化应对。

1. 技术应对

技术创新是解决上海长远约束因素的物质基础，为上海2050战略目标的达成提供"硬实力"。主要应着重聚焦与"低碳城市""智慧城市""宜居城市"相关的环保、ICT、能源、建筑、生物、交通等先进技术的研发和与应用，提升对长远约束问题的技术应对水平。

2. 体制应对

成熟型城市的发展，更依赖于体制的"软实力"保障。上海2050长远约束问题的解决，需要在城市治理、应急管理、规划布局、危机管控等诸多层面，形成具有前瞻性、对应性的制度和治理体系。在面对长远约束问题时，以战略性的制度性框架预先研判布局，及时反应处理。

3. 空间应对

空间层面的前瞻性、科学部署，将为长远约束问题的"软—硬"应对手段提供空间投射和响应体系。上海针对2050的长远约束和挑战，需要在空间层面形成相关基础设施、应对手段、研发部门、保障机构的合理规划和布局，从宏观—中观—微观多层面建构以应对上述长远约束问题为基础的空间供应和冗余储备体系。

4."软实力"应对

人类城市文明史上伟大的城市之所以能够历经极其重大的打击而屹立不倒，关键在于对城市核心价值体系和核心价值观的坚持。作为上海城市基因的"公正、包容、责任、诚信"城市价值取向和"海纳百川、追求卓越、开明睿智、大气谦和"城市精神，在不同时期、不同方面存在隐性表达的情况，需要全面予以"显性表达"。

3.5.4 上海长远约束问题的对策要点

1. 因应气候变化等自然环境约束，建设绿色城市的国际样板

上海应提前布局绿色城市基础设施及自然建设区域，在既有城区外围绿色屏障的基础上，以兰斯塔德绿色城市群等国际经验为基础，前瞻性地构建以绿色区域—碳吸收区域—低碳产业区域体系为核心的低碳战略空间布局。

2. 以社会福祉为主要战略视角，部署适应老龄化社会的健康经济—福利经济—社会保障互动的三重体系

在空间上，应在环境友好、基础设施完备、空间拓展性好的区域预留布局适应老龄化社会的健康经济集聚区—养老休闲经济集聚区—社保基础设施三重功能区。

3. 以城市基础保障安全为核心，构建以能源—水源"稳定—多样"为特征的等城市动力综合保障战略

布局与上海长远高质量能源、水源需求相适应的能源供给体系、水源供给设施。

4. 提前布局应对气候变化带来的海平面上升—极端气候的基础设施体系

气候变化是全球沿海城市长远战略布局中无一例外均重点考虑的问题，上海面对 2050 年的长期气候变化趋势，应主动构建外部巨型防波堤、超大规模排水体系、城市热岛效应消除系统。

5. 布局针对重大公共卫生事件、极端气候、自然灾害、环境污染引发老年疾病爆发的应急管控体系和先进医疗功能体系

建设重大危机的综合性预警反应体系，布局城市多节点式的"控制反应区"和灾害应急集结区域。提前布局规划先进生物技术为核心的医疗功能区。

6. 形成精确化、数字化的长远约束问题解决系统

以大数据、新一代网络技术体系为基础，构建针对气候变化、老龄化社会、社会安全、国际流量等问题的监控、分析、应对体系。

参考文献

Friedmann, J. and G.Wolff, "World City Formation: An Agenda for Research and Action", *International Journal of Urban and Regional Research*, (1982) 6, pp.309—44.

Massey, D., *Spatial Division of Labour*, London: Macmillan, 1985.

Friedmann, J., The World City Hypothesis, *Development and Change*, 1986 (17): 69—83.

Castell, M., *The Information City*, Cambridge, MA: Blackwell, 1989.

Sassen, S., *The Global City*, Princeton: Princeton University Press, 1991.

Scott, Allen J., *Social Economy of the Metropolis*: *Cognitive-Cultural Capitalism and the Global Resurgence of Cities*, Oxford University Press, 2009.

Scott, Allen J., eds, *Global City-Regions*, New York: Oxford University Press, 2001.

Scott, Allen J., *Social Economy of the Metropolis*: *Cognitive-Cultural Capitalism and the Global Resurgence of Cities*, Oxford University Press, 2009.

Taylor, P.J., "Specification of the World City Network", *Geographical Analysis*, 2001, 33, pp.181—94.

Taylor, P.J., *World City Network*, London: Routledge, 2004.

Taylor, P.J., et al., "World City Networks and Global Commodity Chain: towards A World-Systems' Integration", *Global Networks*, 2010, 10, 1, pp.12—34.

Taylor, Peter, *Extraordinary cities*: *Millenia of Moral Syndromes*, *World-Systems and City/State Relations*, Edward Elgar Press, 2013.

Taylor, Peter, et al., eds, *Global Urban Analysis*: *A Survey of Cities in Globalization*, Earthscan Publications Ltd, 2010.

Derudder Ben, Frank Witlox eds., *Commodity Chains and World Cities*, Wiley-Blackwell, 2011.

Segbers, Klaus, *The Making of Global City Regions*：*Johannesburg*, *Mumbai/Bombay*, *So Paulo*, *and*

Shanghai, The Johns Hopkins University Press，2007.

Wu，Fulong，*China's Emerging Cities*：*The Making of New Urbanism*，Routledge，2008.

陈敏之：《上海经济发展战略研究》，上海人民出版社1985年版。

上海市《迈向21世纪的上海》课题领导小组：《迈向21世纪的上海》，上海人民出版社1995
年版。

仇保兴：《面对全球化的我国城市发展战略》，《城市规划》2003年第12期。

周振华：《崛起中的全球城市：理论框架与中国模式研究》，上海人民出版社2008年版。

周振华：《上海迈向全球城市：战略与行动》，上海人民出版社2012年版。

4 上海建设全球城市的愿景目标、功能特征、发展范式、发展路径和障碍风险

上海工程技术大学课题组 *

4.1 全球城市研究回顾

人类进入 21 世纪后，在经济全球化、信息化和网络化深度发展背景下，城市功能与形态的发展逐渐突破了行政区划乃至国家边界的限制，具有了外向维度甚至是全球维度。全球范围内形成了多级、多层次的世界城市网络体系，涌现了若干在空间权力上超出国家范围，在全球经济中发挥指挥和控制作用的"全球城市"（the global city）。

2020 年，上海将基本建成经济、金融、贸易、航运四个中心和现代化国际大都市，形成"具有全球影响力的科技创新中心"的基本框架。随着上海在全球城市网络体系中重要地位及其作用的日益凸显，上海应确立建设全球城市的战略目标定位。

与世界其他全球城市相比，上海因背景条件、发展基础、要素禀赋、历史过程等因素的不同，未来 30 年，上海建设全球城市将形成自己独特的发展道路。因此，上海要从全球战略高度，聚焦上海建设"具有全球影响力的科技创新中心"新的战略要求，适应全球经济、科技和社会发展的新形势和新趋势，系统梳理和审视上海面临的内外环境和战略资源，分析世界典型全球城市的发展路径及个案特征，依据上海独特的区位特征，经济、科技、文化和社会的资源禀赋及城市文脉，揭示未来 30 年上海建设全球城市的功能特征，探索发展范式和发展路

---

* 课题负责人：张健明；课题组成员：刘默、于凯、吴超、任恒娜、李卓繁、郭丽娜、吴磊。

径，预测发展进程中的障碍风险。

4.1.1　全球城市概念演化

关于全球城市的概念，政界和学界有着不同的表述，至今尚未形成一个明确、公认的科学定义。从现有文献看，对全球城市概念的内涵有着多种视角的解释，但多数都强调了全球城市在全球城市网络体系中的控制力、影响力和枢纽性特征，即全球城市对全球或大多数国家的政治、经济、社会、文化事务发挥着重要影响和控制作用，是全球资源交互网络的重要节点和枢纽。1991年美国学者丝奇雅·沙森（Saskia Sassen）在《全球城市：纽约、伦敦、东京》一书中，通过对纽约、伦敦、东京等城市的实证研究，指出全球城市不仅仅是协调过程的节点，而且是从事某种特定工作的场所，它们是专业化服务的供给基地，这种专业化服务是跨国公司管理地域分散的工厂和销售商的基础。此外，她还指出全球城市应当具有独特的空间、内部动力结构和社会结构。

1996年，曼纽尔·卡斯特尔（Manuel Castells）依据信息经济的流动具有的特殊网络结构特征，提出了"流动空间"概念，第一次赋予全球城市动态的、联系的内涵。他认为全球城市是那些在全球网络中将高等级服务的生产和消费中心与它的辅助性社会联接起来的地方，指出城市不是依靠它所拥有的东西而是通过流经它的东西来获得和积累财富、控制和权力。

综上所述，从全球城市内涵演化过程看，学界对全球城市内涵的认知，经历了一个从静态到动态的过程。也就是说，学界由关注城市全球影响力、控制力的静态功能，转变为关注城市资源流动和网络交互的动态功能。

基于上述分析，我们可以对现代全球城市作以下的解读：基于全球化、信息化、网络化背景，将不同城市置于全球城市网络等级结构的视角之下，对城市的功能、社会、空间及网络等级进行全面的审视，就不难发现，全球城市是全球资源交互的枢纽城市，它在区域范围内与较低层次的资源配置中心形成了一个关系相对明确的城市体系，在这一体系中，全球城市处于核心地位，通过发挥全球资源流动中的枢纽作用形成核心控制力和影响力。

4.1.2 全球城市研究态势

关于全球城市的研究始于 20 世纪 80 年代。西方学者将世界经济变化与城市研究直接联系起来，对全球城市进行了系统研究。在约翰·弗里得曼和丝奇雅·沙森对世界城市和全球城市的内涵特征研究的基础上，学界掀起了研究全球城市的热潮。

1986 年，以爱德华·索亚（Edward W.Soja）和艾伦·斯科特（Allen J.Scott）为代表的洛杉矶学派从后现代主义理念出发，认为全球城市是全球化的产物，是与城市化与全球社会变革相伴而生的，是全球经济、社会、文化和生态系统的一个重要节点。

1989 年，以卡斯托尔、巴腾等为代表的学者从信息网络的视角出发，认为全球城市是信息社会中的"流动空间"的中间层次，是世界范围内"最具有直接影响力"的"节点和网络中心"。此外，还有一些学者从跨国公司组织、政府行为、空间结构以及可持续发展等方面对全球城市的机构及机制进行研究。

1995 年，英国世界城市研究小组（GaWC）对全球城市网络作出了系统性的研究。这一研究小组认为，传统的全球城市的研究只是一种静态的探讨方法，要把握全球城市的本质，应当着重于其间"关系"层面的分析，测定全球城市网络作用力的大小，并提出了全球城市网络形成的关键因素。

20 世纪 90 年代末期，部分学者开始研究全球城市区域。他们认为全球城市区域是在全球化高度发展的前提下，以经济联系为基础，由全球城市及其腹地内经济实力较为雄厚的二级大中城市扩散联合而形成的一种独特空间现象。城市区域不仅是城市在空间上的扩展，也是城市功能升级、产业扩散、经济空间联系日益紧密的过程中形成的地域现象。

2000 年以后，随着全球化、信息化和网络化进程的不断深化，国外学者开展了居于网络联系的全球城市研究。把全球城市看作是构建人类网络的一个途径（Massey，2000）。更多学者从实证角度对全球城市网络进行了研究，从"容纳力、支配指挥力和通道"等三大方面和七个不同侧面（全球城市连接、国际金融中心连接、支配中心、全球指挥中心、地区指挥中心、高连接通道、新兴市场通道）对全球城市网络作用力进行了测定（Taylor et al., 2002）。

20世纪90年代以来，中国一些中心城市相继提出了建设现代国际大都市或国际性城市的战略目标。与此相应，国内学界也开始了对全球城市的研究。从国内学者的研究文献看，关于全球城市的研究主要集中在两个方面：一是对国外全球城市理论的介绍和引进，翻译出版了一批国外文献著作；二是对中国建设全球城市的必要性和可行性的分析，提出了建设全球城市的战略思路。其中，周振华教授在系统总结全球城市研究成果的基础上，从全球化、信息化和网络化的视角，以及战略规划角度，系统分析了上海建设全球城市的理论和实践问题，为未来30年上海建设全球城市的发展愿景、发展模式和发展路径提供良好思路。

4.2 全球城市一般特征及发展趋势

4.2.1 全球城市的一般特征分析

目前，英国伦敦、美国纽约、法国巴黎和日本东京被公认为四大"世界城市"或"全球城市。本课题研究从两个维度分析全球城市特征：其一，概括分析国际著名学者对全球城市特征阐述；其二，通过实证的方法，考察伦敦、纽约、巴黎和东京的全球城市特征。

1. 学界对全球城市一般特征的分析

彼得·霍尔（Peter Hall）提出了世界城市的五大特征：（1）世界城市是重要的国际政治中心，是国家政府的所在地，也是国际政治组织的所在地，并且也是各类专业组织、制造业企业总部的所在地。（2）世界城市是重要的国际商业中心，是内外物流的集散地，拥有大型国际海港和空港，又是所在国最主要的金融中心和财政中心。（3）世界城市是文化、教育、科学、技术、人才中心，集中了大型医院、著名高等学府和科研机构、规模宏大的图书馆和博物馆等基本设施，拥有庞大而发达的传媒网络。（4）世界城市是巨大的人口集居地，拥有数百万乃至上千万的城市人口。（5）世界城市是国际娱乐休闲中心，拥有古典或现代化的剧场、戏院、音乐厅以及豪华的宾馆、饭店和各类餐饮场所。

约翰·弗里得曼归纳了世界城市五个方面的主要特征：（1）全球经济体系的

连接点；（2）全球资本的汇集地；（3）非常强的经济社会互动性；（4）国家、区域和世界级的全球城市；（5）跨国集团控制世界城市。

丝奇雅·沙森提出了全球城市的四个基本特征：（1）高度集中的世界经济中心；（2）金融及专业服务的主要所在地；（3）新兴产业集聚地；（4）创新创意产品的主要市场。

2009年，国际"全球化和世界城市研究小组"将全球242个世界城市分成5级12段。被公认的处于顶级的全球城市有纽约、伦敦和东京三个城市。除了三个顶级城市之外，还有顶级B段的全球城市，如巴黎、芝加哥、法兰克福、香港、洛杉矶、新加坡。全球城市在世界城市体系中相互关联、互为依存，但由于各个全球城市自身制度、文化结构的差异，以及全球化经济格局中职能分工的差异，全球城市在类型上也表现出多样性或差异性。也就是说，全球城市不仅仅有层次的差异，而且不同层次城市的特征内涵和功能也不尽相同，有些城市是综合型的中心，如纽约、伦敦、东京、巴黎；有些城市是金融中心，如阿姆斯特丹、香港；有些城市是物流信息中心，如芝加哥、米兰、法兰克福；也有些城市是历史文化中心，如马德里、罗马、柏林。

综上所述，从学界概括来看，全球城市的一般特征通过两个方面体现出来，其一是形态特征，全球城市在形态上是全球范围内的规模庞大的超大型城市，无论在人口规模还是空间规模上都是一般城市所不能比拟的。其二是功能特征，全球城市在功能上具有资源集聚力、控制力，并且是全球资源流动中的交互枢纽中心。

2. 基于实证研究的全球城市特征分析

课题组通过对纽约、伦敦、东京和巴黎四个全球城市的发展趋势及主要特征的分析，从中揭示全球城市所具有的一般特征。

（1）美国纽约。

美国纽约是目前世界上海最典型的全球城市之一，根据跨国商业咨询巨头科尔尼公司（AT Kearney）发布的"2014年全球城市指数"报告，纽约是全球综合实力最强的城市。作为全球城市的纽约呈现以下重要特征：

第一，人才资源集聚的高地。纽约的劳动力仅占全美劳动力的6.2%。却集聚了全美 10% 的博士学位获得者，10% 的美国国家科学院院士（199 名），40 万名科学家和工程师，10% 的全美医学会会员。纽约有 300 多所高等院校，在校学生占全美高校在校学生总数的 10%。纽约劳动力的教育水平在全美各州中是最高的，专业人员与管理人员的劳动生产率高出全美平均水平 39%。

第二，风险资本投资的热土。在吸引风险投资方面，纽约居全美第 3 位。谷歌、IBM、雅虎都在纽约投资。位于曼哈顿的"硅巷"已形成互联网、移动通信技术等科技初创企业成长的业态系统和创业环境。据统计，2007—2011 年，纽约风险投资交易量暴涨 32%。2012 年纽约有 100 家科技公司被收购，成交额 83 亿美元。同期，纽约科技企业获得风险投资 20 亿美元，其中种子基金 1.15 亿美元，一期风险投资 4.67 亿美元，二期风险投资 4.49 亿美元。2013 年 5 月，雅虎以 11 亿美元的巨资收购全球最大的轻博客网"汤博乐"（Tumblr），成为全球第一笔 10 亿美元以上资金收购科技初创企业的交易案例。

第三，催生科技企业的温床。高科技产业是纽约成长最快的产业。2011 年以来，高科技产业就业率增长超过 15%。纽约的高技术领域雇员数量在全美位居前列，高科技职业岗位增速相当于其他行业的 4 倍。据纽约市政府的数据显示，高科技产业每年为纽约提供 29.1 万个工作岗位和 300 亿美元的工资收入。目前，高科技产业已成为纽约发展最快、收入最高的一个行业，成为仅次于金融业的第二大支柱产业。

近年来，纽约高科技企业孵化器发展迅速，在 2008—2011 年的三年中，纽约新建科技企业 1 000 家，其中有 650 家出自 10 个纽约的著名科技企业孵化园。这些孵化园为入驻企业提供创业空间与资源，为 1 000 多名企业员工提供服务。至 2014 年，纽约已经建立了几十个政府资助的创业孵化中心和 200 多个低租金的共享办公地点供创业者使用。孵化园给创业者提供法律和会计等方面的咨询、多种培训讲座并协助创业者吸引投资。高科技产业还是纽约就业岗位提供最多的产业。2011 年，纽约聘用 12.3 万名科技员工，其中 1 200 多家初创科技企业提供了 3 000 个就业岗位。

目前，纽约市有 299 个科技产业组织，这些组织机构涵盖了网络、金融、时尚、媒体、出版、广告等各类产业，建立起了产业互助系统，形成了良性的科技圈生态环境。不同于美国西海岸的硅谷将创新作为一个实验室，纽约的创新创业更接地气，将创新和已有产业的升级换代结合起来。

第四，成熟的科技创新生态。近年来纽约市政府致力于打造的创新产业生态，激发城市创新活力，从人才、基础设施和信息平台等方面扶持创新经济发展。2002年，出任纽约市长的迈克尔·布隆伯格（Michael Bloomberg）意识到过度倚重金融业的发展模式存在的风险，提出了多元化发展思路。纽约政府在推动产业结构调整、发展创新产业时，发现面临四大挑战：缺人才、缺资金、缺场地和缺氛围。为此纽约政府提出了应对方案。第一是集聚人才。2011年，纽约从众多的投标者中选择由康奈尔大学与以色列工学院在纽约共同创建专门培养高科技相关人才的研究生院，以带动纽约市高科技产业发展。2014年接替布隆伯格履职的纽约现任市长白思豪提出了高科技人才输送管道项目，结合政府以及民间基金为各类企业建立创新人才团队。第二是构建平台设施。纽约市政府高度重视科技创新基础设施建设，着力打造"数字纽约"。2014年下半年，纽约正式启动网址".nyc"，纽约市成为美国第一个拥有顶级域名的城市，这为本地商业、组织和居民带来新的机会。为了更好地实现信息共享，纽约市政府还和IBM等公司合作，共同打造创业平台"数字纽约"网站。作为一个开拓性的搜索门户网站和数据库，该网站几乎涵盖纽约市每一个高科技公司和投资机构，提供高科技企业职位空缺和全市创业活动的实时更新信息，并为初创企业提供孵化器、办公场地和培训信息。"数字纽约"将投资者、创业公司和求职者联系在一起。目前，每个纽约人和纽约的商业都拥有价格实惠且高速的网络。

（2）英国伦敦。

英国伦敦也是目前世界上最典型的全球城市之一，伦敦呈现以下重要特征：

第一，科技创新资源丰富。伦敦被誉为欧洲创意创新之都。伦敦集中了英国1/3的高等院校和科研机构，每年高校毕业生约占全英的40%。2014年发布的QS世界大学排名显示，伦敦是世界顶级大学数量最多的城市，同时还拥有大量的思想库和科研院所。伦敦在基础科学和人文科学中始终保持着传统的强势地位，同时在生物、医学、信息、金融、教育等领域也是人才济济，仅剑桥大学诺贝尔奖得主就有78位，比其他欧盟大国一个国家的获奖人数还多。截至2013年

10月，英国有121名诺贝尔奖得主（绝大多数为科学奖），仅次于诺贝尔奖得主的第一大国的美国（344名）。整个英国以世界1%的人口从事世界5%的科研工作，所发表学术论文占9%，引用量达12%，获国际大奖人数约占世界的10%，仅次于美国。英国财政部、教育与技能部和贸工部联合发布《科学与创新投资框架（2004—2014）》称：截至2014年，英国研发总支出将占英国GDP的2.5%，其中企业的研发支出达到GDP的1.70%，比十年前的2004年增长37.1%。伦敦在全英上述贡献中处于核心地位。

伦敦是世界高科技、高附加值产业的重要研发基地之一，其科研几乎涉及所有科学领域。在生物技术、航空和国防方面具有较强的竞争力。伦敦的企业占英国企业数量的16%，超过100个欧洲500强企业在伦敦设有总部，75%的世界500强企业都在伦敦金融城设了分公司或办事处。在2012年福布斯全球企业2 000强的榜单中，其中68家公司总部都设在伦敦。

伦敦东区形成了集科技、数字和创意等企业的集聚中心。伦敦东区科技企业集聚最初起源于硅环岛，它被称为"迷你硅谷"，是一个相对较小的、高密度科技产业园。2008年，那里只有30家科技企业，到2010年1月，科技创新企业达到85家，2010年政府颁布了一项支持"迷你硅谷"发展的计划，将包括奥林匹克公园在内的东伦敦建造成高科技产业中心，命名为"东伦敦科技城"。政府投入了4亿英镑支持科技城的发展，制定优惠政策并确保把新建筑中的一部分空间用作孵化区。思科、英特尔、亚马逊、Twitter、高通、Facebook、谷歌等大型公司也开始进驻，巴克莱银行等金融机构也再次开展针对创业企业的特殊融资服务。仅2011年，就有200多家科技企业将总部设于科技城。2011年之后，有超过1 600家公司进驻以东伦敦为中心的科技城。东伦敦科技城已经成为当之无愧的欧洲成长最快的科技枢纽。在东伦敦科技城的带动下，过去3年间，伦敦的科技企业数量增加了76%，仅东伦敦地区就已密布了3 200家创业公司，创造了5万多个就业岗位。如今在伦敦城中，有超过58万人为科技企业工作，约占全伦敦就业岗位总量的27%。

第二，风险投资集聚地。伦敦吸引众多大型风投公司的资金，包括Index Ventures（已投资5.43亿美元）、Balderton Capital（3.05亿美元）、DN Capital

（2 亿美元）、Google Ventures 与 Santander（各自 1 亿美元）。由谷歌前欧洲总裁丹·科布利（Dan Cobley）创建的 Brighbridge Capital 也在伦敦投资 8 400 万美元，London Co-Investment Fund 投资 4 100 万美元，Seedcamp 投资 3 000 万美元。此外，还有许多风险投资公司正在伦敦进行早期风险投资活动，比如 Passion Capital、Playfair Capital、Ariadne Capital 以及 Octopus Investments 等，都在帮助培养一流的科技人才。

第三，世界金融中心地位。伦敦金融城是世界第一的全球金融中心。伦敦金融城对英国国民生产总值的贡献却超过 2%。伦敦金融城（City of London）位于泰晤士河的北岸，也被称为"一平方英里"（The Square Mile），云集了全球 500 多家银行，经营着全球 20% 的国际银行业务。英国银行业 50% 的资产由外国银行管理，其资产也主要是外国顾客的资产。此外，伦敦金融城还有 180 多个外国证券交易公司云集于此，几乎 50% 的国际股权交易在这里进行，在伦敦股票交易所上市的外国公司的数量也超过世界上任何其他交易所。伦敦金融城集聚了 30 多万金融精英，与英国历史悠久的银行和交易所一起，把控着全球金融命脉。

目前，伦敦是世界上最大的国际外汇市场，目前日平均交易量超过 1 万亿美元，超过美国和日本的总和，约占全球总交易量的 32%。伦敦城还是世界上最大的欧洲美元市场，石油输出国的石油收入成交额有时一天可达 500 多亿美元，占全世界欧洲美元成交额的 1/3 以上。伦敦还是世界上最大的保险市场。全球第一家企业"劳合社"就诞生在伦敦金融城，全球 20 家顶尖保险公司也都在这里有自己的公司。伦敦拥有全世界最大的航运保险市场、伦敦证券交易所、伦敦金属交易所、伦敦国际金融期货交易所等，金融城的黄金交易额、国际贷放总额、外国证券交易额、海事与航空保险业务额以及基金管理总量均居世界领先地位。

第四，世界贸易中心地位。伦敦是世界著名的港口城市。伦敦港是英国最大的港口，全港包括皇家码头区、印度和米尔沃尔码头区、蒂尔伯里码头区。伦敦港与 70 多个国家的港口建立了联系，年吞吐量约 4 500 多万吨。伦敦是许多国际组织总部的所在地，其中包括国际海事组织、国际合作社联盟、国际笔会、国际妇女同盟、社会党国际、大赦国际等。

第五，世界创业产业之都。伦敦已经是全球的创意中心。目前，伦敦被公认为全球三大广告中心城市之一，2/3 的国际广告公司的欧洲总部都设在伦敦。英国 1 100 个独立电视制作公司中，近 700 个（包括几乎所有的大公司）都位于伦敦。伦敦还拥有全英 85% 以上的时尚设计师，40% 以上的出版业从业人员。

伦敦的创意产业总值占英国创意产业总值的比重非常大，伦敦创意产业凭借着每年 210 亿英镑的产出值，成为仅次于金融服务业的第二大支柱产业。在 2000 年就达到了 24.68%。2001 年伦敦的创意产业人均产值约为 2 500 英镑，几乎相当于英国人均产值的 2 倍。2010 年伦敦文化创意产业从业人数为 65.8 万人。伦敦人对休闲产品与服务的需求较高。数据显示，伦敦家庭每周对休闲产品与服务的平均消费约为 500 英镑，比英国平均水平高出 25%，其中，在看电影、欣赏戏剧、参加时装秀等活动的花费上，伦敦市民更是高出英国平均水平近 30%。

第六，丰富的文化资源。伦敦同时也是世界文化名城。英国国家博物馆建于 18 世纪，是世界上最大的博物馆，集中了英国和世界各国许多的古代文物。伦敦的艺术、娱乐形式极为丰富。歌剧、音乐剧、古典音乐、摇滚、爵士乐、皇家芭蕾、踢踏舞应有尽有，而且票价便宜。伦敦拥有五个专业的交响乐团：伦敦交响乐团、伦敦爱乐管弦乐团、皇家爱乐管弦乐团、爱乐管弦乐团以及 BBC 交响乐团。伦敦至少有 1 000 个以上的剧场，其中有举世闻名的皇家大剧院、英国国家剧院和皇家节日厅，有国家剧场、伦敦帕拉斯剧院、阿尔梅迪亚剧院和专门上演莎士比亚戏剧的环球剧场等。

（3）日本东京。

日本东京也是目前世界上最典型的全球城市之一，呈现以下几方面的重要特征。

第一，人才资源集聚地。东京拥有 130 多所大学，东京大学、东京工业大学、早稻田大学等都是世界著名学府。截至 2013 年底，东京进入全球 400 强的高校有 5 家，东京大学更是高居亚洲第一。东京集中了日本约 30% 的高等院校和 40% 的大学生。截至 2014 年，日本在数学、物理、化学、生物等领域均曾摘取桂冠（菲尔兹数学奖 3 人，诺贝尔物理奖、化学奖、生物奖分别 8 人、6 人、2 人），其中不少人就职于或曾就职于东京大学等名校。东京拥有全日本 1/3 的研究和文化机构。世界顶级学府云集，提升了新知识的生产和基础研究水平，推动着科学创新主体（大学）与技术创新主体（企业）之间的互动，为城市创新功能发挥奠定了坚实基础。

东京科技投入量大。城市 R&D 人均支出、企业 R&D 人均支出以及高等教育人均公用支出都处于全球前列。日本森纪念财团从经济、研发、文化交流、宜居性、生态环境和可达性六个方面对所选取的 40 个主要全球城市进行实力测评。从 2014 年最新排名来看，东京在亚洲排名第一，在全球排名第二，在亚太地区处于绝对领先地位。

第二，新兴产业集聚地。东京是日本工业最发达的城市之一。在 20 世纪 80 年代以前，东京一直是日本最大的工业中心，此后因工业外迁，其工业地位在国家经济中有所下降，但仍是日本重要的工业城市。在 2014 年《财富》杂志公布的世界 500 强企业中，东京上榜企业达到 43 家。排名第一的丰田公司位于全球第 9 位。东京是新兴产业的集聚中心。在汤森路透旗下知识产权与科技事业部发布的 2014 全球百强创新机构榜单中，亚洲上榜创新机构数量跃居世界前列。在 46 家亚洲机构中，有 39 家来自日本。在 39 家日本机构中，有 22 家总部位于东京。

创新是东京产业发展的源泉。自 20 世纪 60 年代以来，激烈的国际竞争和城市环境问题的出现，使东京制造业纷纷外迁到国外或横滨一带，因此，曾有人预言制造业将在东京消失。但事实恰好相反，东京的制造业仍然保持着良好的发展态势。其中，中小企业的发展起到了重要作用。中小企业通过不断创新来提高自身的市场适应能力，成为全国制造业中最关键的一部分。如以大田区为中心的东京南部的产业综合体已成为日本机械产业体系中最重要的技术创新核心。

东京作为日本最大的工业城市，创造了工业与居住良好共存的工业居住综合体，形成了理想的土地利用模式。东京的企业大多分布在千代田区、中央区和港区等地。雄厚的产业基础、较高的高等教育水平、良好的文化和生态环境等方面的综合优势，推动了科技创新资源的集聚和科技创新能力的提升，使得东京成为亚太地区的科技创新标杆。

第三，繁荣的文化事业。东京还是日本的文化教育中心。各种文化机构密集，全国 80% 的出版社集聚东京。东京拥有规模大、设备先进的国立博物馆、西洋美术馆、国立图书馆等。东京作为一个国际化的大都市，还经常举办各种国际文化交流活动，如东京音乐节、东京国际汽车展和东京国际电影节，东京国际动漫节等在世界上享有盛誉。

（4）法国巴黎。

法国巴黎也是目前世界上典型的全球城市之一，呈现出以下重要特征。

第一，历史文化资源丰富。巴黎是世界上历史悠久、全球重要的文化名城。巴黎拥有大批保存完好的历史建筑，拥有享誉全球的博物馆。过去 100 年时间里，巴黎的高等学府涌现出很多著名哲学家、理论学家、科学家和数学家，巴黎在文学、电影和艺术方面具有很强的全球影响力。

第二，繁荣的商业贸易。巴黎是全球购物中心之一。根据 2008 年万事达卡国际组织发布的万事达卡全球商务中枢报告（Master Card Worldwide Centers of Commerce Index™）显示，巴黎商业贸易排名全球第七。美国康奈尔大学、欧洲工商管理学院和世界知识产权组织联合发布《2014 全球创新指数报告》。榜单显示，法国排名第 22 位。根据跨国商业咨询巨头科尔尼公司（AT Kearney）发布的"2014 年全球城市指数"报告，纽约仍是全球综合实力最强的城市，巴黎排名第三位。根据该报告显示，巴黎在"信息交换"中"电视新闻使用性"排名第一。目前 GaWC 的世界级城市名册是全球关于世界一、二、三、四线城市最权威的排名。根据 2014 年 GaWC 世界级城市名册，巴黎属于 Alpha+ 等级。

第三，发达的金融业。根据英国伦敦金融城国际权威咨询机构 Z/Yen 集团发布"全球金融中心指数"（GFCI）报告显示，巴黎以总分 653 分在全球 82 个入选城市中列第 37 位，在欧洲地区 28 个入选城市中列第 9 位。"全球金融中心指数"（GFCI）是全球最具影响力的金融中心评价体系，对各国金融中心城市的国际地位和跨国金融机构择址都有一定影响。

第四，全球最佳旅游城市。根据万事达卡 2014 年全球最佳旅游城市报告（2014 Mastercard Global Destination Index）显示，巴黎排名全球第三。2014 年参观巴黎的游客人数达 1 557 万人，比 2013 年增长 1.8%。2014 年巴黎游客的总体消费为 1 560 万美元，比上年增长了 7.7%。"全球语言观察"机构过去三年追踪

25万个博客、平面媒体与社交平台，寻找和高级女装、成衣及时尚相关的热门词，观察这些词的出现频率和前后文，建立相关资料列出全球时尚城市排行榜，巴黎排名第二。日本森纪念财团（Mori Memorial Foundation）发布的2014全球城市实力指数（Global Power City Index）显示，巴黎排名全球第三，其中，巴黎在"宜居性"这一指数上排名较前。

从上述四个典型的全球城市的发展特征看，它们具有共同特征是：第一，它们都是全球人才资源集聚高地，人才资源拥有量在全球占有较高比重；第二，它们是科技创新资源集聚高地，科技创新成果在全球占有较高比重；第三，它们是新兴产业资源集聚高地，新兴产业在全球占有较高比重；第四，它们是金融资本资源的集聚高地，金融资本在全球占有较高比重；第五，它们是全球文化资源的集聚高地，城市文化品位高，并在全球享有盛誉。

当然，由于四个城市所处不同的地域空间，有着不同的发展背景和资源禀赋，因此也显出各自的发展特色，而这些特殊恰恰更加增加了上述四个城市的人文魅力和创新活力。

3. 全球城市一般特征的概括

基于国际学界理论分析和纽约、伦敦、东京和巴黎四个全球城市实证分析，课题组就全球城市一般特征得出以下结论：

第一，全球城市是世界城市的高端形态，是城市国际化水平的高端标志。全球城市处于全球城市网络体系的顶端。全球城市的资源集聚和影响力辐射半径已经突破传统的地域范围，扩散到全球。在这些城市中，国家和地域的概念正在逐步淡化，全球概念正在逐步增强，开放性和联通性越来越成为这些城市特征。这些城市需要通过与世界其他城市保持紧密的联通，才能保持城市的魅力和创新发展的活力。

第二，全球城市是全球经济系统的中枢或世界城市网络体系中的组织结点。在经济全球化、信息化和网络化的背景下，世界成为一个巨大的网络空间。网络时代是一个整合的时代。整合的过程和本质是，现代市场资源包括人流、物流、资本流、技术流和信息流在全球网络中的充分流转和合理配置。这种要素流转和配置过程，推动着世界政治经济格局不断变化。实际上，新的世界经济政治格局就是全球资源的重新配置和重新组合。当今世界经济政治格局变化更多地表现为国家之间、区域之间、城市之间现实力量、资源要素的综合对比与配置组合，特别是以城市为载体，在全球网络中形成了资源要素流转和配置的一个个结点。这些结点根据等级高低、能量大小、联系紧密程度等要素，集结为一个多极化、多层次的世界城市网络体系。其中，对全球经济政治文化具有控制力和影响力的主要结点城市就是全球城市。

第三，全球城市是全球人才和创新资源的集聚高地。全球城市集聚了大批具有世界影响力科技研发机构、文化创意机构、高端企业总部、国际组织总部、世界顶级人才。全球城市是国际活动召集地、国际会议之城、国际旅游目的地。由于有了上述国际组织，必然吸引全球顶级人才云集这些城市，同时也是这些城市保持极强的创新活力，引领着世界经济发展潮流。

第四，雄厚的综合实力和巨大的高端资源交易流量。全球城市表现为经济总量大，人均 GDP 程度高，以现代产业体系为核心的后工业化经济结构明显。全球城市就是一个面向知识社会创新 2.0 形态的流动空间、流动过程。全球城市以高端人才的集聚，信息化水平，科技创新能力，金融国际竞争力和现代化、立体化的综合交通体系，呈现巨大的国际高端资源的流量与交易。

第五，全球城市是世界文化创意中心，引领着全球文化发展潮流。全球城市是世界文化资源的集聚高地，是全球文化大师向往的城市，城市市民文化需求品位高，城市在全球很强的文化吸引力。

依据上述五个特征，课题组认为全球城市虽然都表现出巨大的城市规模体量，但是其核心功能主要在对全球经济、科技、政治、文化具有极强的影响力与控制力。

作为全球城市核心功能的控制力，主要表现为对全球战略性资源、战略性产业和战略性通道的占有、使用、收益和再分配。战略性产业包括战略性支柱产业和战略性新兴产业。战略性支柱产业首先表现为具有很强的全球竞争优势，引导着世界经济发展趋势。比较而言，战略性新兴产业更多地表现为具有市场需求前景，具备资源能耗低、带动系数大、就业机会多、综合效益好的特征，包括新能源、新材料、生命科学、生物医药、节能环保、信息网络、空间、海洋开发、地质勘探等产业。战略性资源是指与国家、城市的运转、发展、壮大息息相关的重要条件和能够带来巨大回报的关键要素，可以是硬性的资源、能源、资金等，也可以是软性的政策、人才、信息等。战略性通道就是以战略性区位优势为依托，以港口、航空、公路、铁路等现代化、立体化的综合交通体系为基础，构建面向全球的资源要素流通和产业梯度转移通道，这都是涉及全球政治安全和经济发展的长期性、全局性、关键性问题。只有对上述产业、资源和通道具有了把控权、主动权，能够发挥决定性作用的城市才可以称为世界城市。

作为全球城市核心功能的影响力是指全球城市具有引领时代潮流的主导力量。全球城市的影响力既有文化和舆论的力量，也有组织和制度的力量。主要表现为城市综合创新体系、国际交往能力、文化软实力和全球化的治理结构。全球城市的影响力还表现为该城市具有很强的人文魅力，成为全球向往的宜居、宜业、宜游的城市。

控制力是"硬实力"，影响力是"软实力"。硬实力是对全球战略资源要素的控制力和扩张力，需要依赖持续的创新活力支撑。软实力是城市文化、制度与意识形态的吸引力和说服力，需要通过城市的人文魅力支撑。作为全球城市，硬实力和软实力缺一不可，硬实力是软实力的基础，软实力是硬实力的延伸，两者相辅相成、相得益彰。所以，全球城市是全球战略性资源、战略性产业和战略性通道的控制中心，也是世界文明融合与交流的多元文化中心，是城市硬实力与软实力的统一体。

4.3 上海全球城市愿景目标及内涵

4.3.1 愿景目标描述

1. 愿景目标内涵

课题组基于上述全球城市的理论和实证分析，提出未来30年上海发展的愿景目标是：建成极富人文魅力、极具创新活力的全球城市。在全球城市网络系统中呈现极强的联通性和枢纽型功能，成为全球人才集聚、资源集散、信息交互、文化交流的枢纽型城市。

20 世纪 90 年代，上海提出建设"四个中心"和现代化国际大都市的战略目标，其内涵上更多的是强调城市的等级概念及竞争关系，突出的是在全球城市竞争中的经济竞争力。课题组认为，未来 30 年上海要在原来的"四个中心"建设基础上，从城市等级竞争的视角转向城市网络枢纽的视角，把握经济全球化、信息化和网络化的发展趋势，在全球城市网络系统中，发挥核心节点的枢纽功能。

因此，未来 30 年上海城市发展愿景目标，定位于全球"人才汇集、资源集散、信息交互、文化交流"的枢纽型城市，通过极强的联通性和枢纽型功能，体现全球范围内的资源集聚力、创新辐射力、战略领导力和发展影响力。实现"四个力"的关键是：上海要在全球具有极大的人文魅力和极强的创新活力。

课题组认为，未来 30 年上海要确立的全球城市愿景目标是 2020 年上海将要实现的"国际经济中心、国际金融中心、国际贸易中心、国际航运中心"的升级版。升级版的上海全球城市，不是对纽约、伦敦、东京、巴黎等城市的简单复制，而是要因地制宜，因势利导，打造一个独一无二、有上海本土特色又兼具国际化的全球城市。

2. 愿景目标描述

建成全球极富人文魅力、极具创新活力的全球城市。要求上海把握在信息化、网络化支撑下的深度全球化发展趋势，立足于建设具有广泛联接功能的全球城市网络核心节点，在全球城市网络体系中，发挥极强的联通性和枢纽性功能，进而在全球城市网络体系中呈现很强的资源集聚力、创新辐射力、战略领导力和发展影响力。具体而言，具有以下内涵：

（1）全球"人才集聚城市"。

打造全球人才集聚高地是上海未来 30 年建设全球城市关键，也是上海作为全球城市的标志。从纽约、伦敦、东京和巴黎四个全球城市的看，全球高端人才的集聚地是四个城市的共同特征。上海要成为全球高端人才的集聚的城市，需要满足四个条件：其一，拥有一批世界顶级的大学、研究机构；其二，一批全球跨国公司总部、全球金融机构总部、国际组织总部落户上海；其三，完备的市场和社会服务体系；其四，良好的生态环境和较高的文化品位。

上述四个条件是基于全球高端人才追求人生价值目标的考量，本质上讲，全球城市应当成为高端人才实现人生价值的最佳城市，在这里，高端人才具有发挥才华的平台，实现自我价值的社会环境。

（2）全球"资源集散城市"。

如果说过去我们总是把世界看成我们外部的大环境，把世界各国的全球城市作为竞争对手，那么未来30年上海要自觉地将城市融入全球城市网络体系，在全球经济分工中，在与全球城市网络体系的多重交互中，形成很强的对全球高端资源的利用、驾驭能力和资源配置能力，成为全球经济科技发展高端资源配置的核心载体。第一，形成资本资源配置力，指具有的在全球范围内吸纳、凝聚和配置资本的能力；第二，形成创新资源配置力，包括创新成果配置力和潜在创新资源配置力两个方面；第三，形成信息资源配置力，主要包括民间信息配置力、媒体信息配置力和组织信息配置力等三个方面；第四，形成文化资源配置力，主要包括文化基础资源配置力和文化消费引领力两个方面；第五，形成全球资源配置保障力，指确保资源配置能力实现的制度力以及在配置全球资源上的潜力，主要包括资源配置现实保障力和资源配置潜力。

（3）全球"信息交互城市"。

上海作为全球城市要成为全球信息网络枢纽，在全球信息网络中发挥重要节点功能，成为全球信息产出、集散、周转基地。为此，未来30年，上海应当具有完备的信息网络基础设施，具有极强的信息交互能力。

上海建成拥有全球主要的经济、政治、科技、社会和文化的信息平台，并且成为全球信息交互的重要网络节点，进而成为全球经济的战略决策中枢和管理控制中枢。

（4）全球"文化交流城市"。

未来30年，上海要建设全球城市应当打造全球文化大都市，塑造世界文化之都。为此，上海要具备以下条件：其一，打造全球文化交流平台。在文化领域更具开放性，发挥上海海派文化包容性的特征，打造全球文化交流平台。其二，完善全球文化基础设施。上海建设全球一流的文化基础设施、文化环境和公共空间，拥有一批世界著名的文化艺术馆场。其三，集聚全球文化创意产业。上海要大力发展文化创意产业，吸引全球的文化艺术大师、文化艺术机构入驻上海。其四，提升上海城市文化品位。要提升上海市民的文化品位。上海要建设全球城市，应当塑造世界文化之都。

（5）全球"极富人文魅力、极具创新活力城市"。

上海把建设全球城市的作为未来30年的愿景目标，其目的是什么？课题组认为唯一的目的就是：使居住在这个城市中的每一位市民拥有幸福美好的生活。幸福美好的生活建立在人文魅力和创新活力基础之上，而且人文魅力和创新活力也是上海成为全球人才集聚、资源集散、信息交互、文化交流枢纽型城市的基础。

上海要建成全球极富人文魅力的城市需要具备三个条件：优秀的市民素质、优良的城市品位、优质的生态环境；上海要建成全球极具创新活力城市也需要具备三个条件：完备的创新制度体系、完善的创新服务体系、浓厚的创新文化氛围。上述六个条件，是未来上海建设全球的关键着力点。

4.3.2 愿景目标的可行性分析

全球城市的核心是建立在联通性和枢纽性基础上，很强的资源集聚力、创新辐射力、战略领导力和发展影响力。上海要建设全球城市，迫切需要由提升综合竞争力转变为增强联通性和枢纽性功能，提升"四个力"。目前，上海人均GDP已经迈入15 000美元。上海面临经济结构大调整，社会结构大转型，城市功能大提升的关键时期，上海的经济和城市发展能否出现质的飞跃，关键取决于能否不断营造国际化的城市环境，通过增强城市联通性和枢纽性功能，提升全球资源集聚力、创新辐射力、战略领导力和发展影响力。

本课题从基础条件和发展机遇两个视角论证上海建设建成全球极富人文魅力、极具创新活力全球城市，发挥城市联通性和枢纽性功能，提升全球资源集聚力、创新辐射力、战略领导力和发展影响力的可行性。

1.基础条件分析

未来30年上海建成全球城市的基础条件有以下六个方面：

第一，综合实力不断增强。世界经济全球化的深度发展，给上海的经济发展和产业结构调整带来了新的机遇和挑战。一方面，上海在吸收利用外资，发展对外贸易，加强国际合作和主动调整产业结构等方面处于有利的时机；另一方面，市场的逐步开放和国际竞争的加剧对在世界经济中并不占优势地位的上海提出了新的挑战，提高经济竞争能力和抵抗世界性经济危机的需要迫使上海进行相应的产业结构转变。世界经济重心向亚太地区转移，上海位于中国改革开放前沿，持续高速发展的经济为上海实施产业结构调整提供了极为有利的发展空间环境。在世界经济全球化，世界经济重心转移的背景下，伴随着中国改革开放的深入和经济的持续高发展，上海吸引和利用外资的规模和质量都有了显著提高，上海外资投资发展，推动上海经济发展，直接影响产业结构调整，对工业内部结构调整也发挥积极作用，外资投资逐步向资本密集型和技术密集型的工业企业转移。

从国内来看，长江三角洲区域经济的迅速发展带来的整体效益有力地推动了上海的经济发展。随之而来的沿长江流域的开发，有利于上海的经济发展，增强上海在国际分工和国际竞争中的地位，区域城市功能的合理分工和经济一体化进程有利于上海中心城市功能优化和产业结构调整。从上海来看，2008 年、2009年上海 GDP 总量先后超越新加坡和中国香港，2011 年又超过日本京都、韩国首尔，在世界大城市中排名第 11 位，达到中等发达国家水平。2011 年上海金融市场交易额（未计外汇市场）为 418 万亿元，较 2008 年增长 1.4 倍，部分交易市场规模位居全球前列。截至 2011 年末，上海金融机构总数已达 1 136 家，较 2008 年增长 64.9%。上海各类航运服务企业总数已超过 1 000 家，其中外资航运机构已达 250 家。全球十大国际集装箱班轮公司、九大船级社分别在上海设立了总部、区域总部或分支机构。2011 年上海港完成货物吞吐量 7.28 亿吨，集装箱吞吐量达 3 174 万标准箱，继续保持货物、集装箱吞吐量世界第一地位。上海吸纳的海归人才数量同样居国内第一。上海吸收外资居全国第一，大量世界 500 强企业尤其是服务业高端领域的跨国巨头都选择将亚太或中国总部设在上海，上海城市的竞争优势正是表现在综合方面的总体竞争实力。

第二，产业结构转型加快。上海正在推动由传统的工业中心向服务中心的转型，上海已经在金融保险房地产等生产服务业取得一定突破，具备了建设国际金融中心的基础。上海是我国引进金融机构最多的城市，世界排名前 50 的大银行中已有 80% 在上海设立分支机构；上海证券交易所各项经济与技术指标居世界前列，在"亚洲五强"中名列第三；上海期货交易所橡胶和金属铜交易分别位列世界第一和第二。

上海积极发展生产服务业，重点发展金融业、商贸服务业、交通运输业、物流业、R&D、中介服务业。上海正在形成人民币业务的创新、交易的国际中心。创建 E-CBD 模式，依托中国以及上海自身国际贸易的高速发展，推进离岸金融业务；再在人民币可自由兑换的预期下，建设成为亚太地区重要的国际金融中心，以期最终向纽约式全球金融中心迈进。

上海加快发展高新技术产业，重点发展石油化工和精细化工、精品钢材、汽车制造、生物医药、电子信息等产业。上海的制造业通过沪宁和沪杭高速公路向上海外围的长三角地区转移，形成高新技术产业带。

上海在国际贸易建设的过程中，有望沿着中国的口岸城市、亚太区域贸易中心、全球性国际贸易中心的阶梯依次推进。近年来，世博会效应，东亚自由贸易区建设、上海自由贸易区政策、国际航运中心的支持，将上海国际贸易中心推向一个新阶段。

上海正在加快证券市场、外汇市场、调剂市场、短期融资市场及同行业拆借市场建设，完善资本市场、产权市场、技术市场、人才市场等要素市场的功能和市场体系作用。

第三，交通网络设施不断完善。不断完善的交通设施为上海迈向全球城市提供了有力支撑。自 2003 年起，上海港以 3.16 亿吨货物吞吐量、1 128 万 TEU 集装箱吞吐量进入世界三大集装箱港口行列，上海港班轮航线覆盖全球各主要航区和港口，是中国内地唯一在全球 12 个航区都有航班的港口。自 2003 年起，上海浦东、虹桥两大国际机场总旅客吞吐量和国际航线旅客量均跃居全国第一位，目前，上海航空港货运吞吐量进入世界前列。上海加快了国际集装箱枢纽港建设，上海洋山国际集装箱深水港，与北翼的太仓港和南翼的宁波北仑港、舟山港功能重组与协调发展，共同组成长江三角洲国际集装箱枢纽港。在建成国际集装箱枢纽港的基础上，借助东亚自由贸易区建设及国家给予上海自由贸易区的有利条件，推进了航运交易、海事服务等航运衍生服务行业，形成发达的现代航运服务业体系，实现向亚太地区国际航运枢纽及全球航运中心的演进。上海正在形成全球航空枢纽。上海发挥浦东国际机场为主、虹桥国际机场为辅的国际航空枢纽"组合港"作用，重点加强枢纽航线网络建设、空港交通走廊建设、国际航空物流基地建设，逐步从亚太地区航空枢纽港向全球航空枢纽为港目标迈进。

第四，高端制造产业基地。上海要建设全球城市应该依托传统的制造业基础，建成全球制造业管理中心。目前，上海正在经历从加工制造业基地到装备制造业基地、高端制造业中心、高科技产业中心，然后至全球科技创新中心的演进，逐步形成全球制造业管理区，城市功能应完全转向管理服务，这首先需要上海与长三角其他城市实行错位竞争，形成母公司在上海、子公司在长三角，决策中心在上海、运作基地在长三角的制造业格局。上海要整合长三角乃至全国的制造业企业，发挥上海的市场中心、物流中心、总装基地的优势，支持企业在上海设立采购中心。

第五，"多合、多轴、多层"的空间发展结构。围绕创建全球城市的目标，上海正在将其视野从 600 km 的中心城区扩展至 6 000 km 的全市域，并将长三角区域纳入其空间规划范畴，并拓展到周边与其紧密联系的苏州、南通、宁波、舟山等城市，构筑上海全球城市空间大格局框架。上海市域采用"多中心、网络化、开敞性"布局模式，以不同的主导功能、开发模式、开发强度以及间隔期间的生态圈层共同构成"中心城—边缘城—郊区新城"的有机圈层：扩展整个中心城的地区范围到 15 km 圈，将主要的城市副中心基本设在 8 km 圈，并将其与大型公共交通枢纽结合设置，突破现有中央商务区（CBD）框架，将现有的浦东浦西 CBD 中心区与世博会展区整合打造成世界级的全球商务区。宝山区和闵行区作为中城区拓展区，承担中心城蔓延扩张压力，形成中低密度住宅和生态保育区为主的生态环境优良地区。闵行区主要发展高科技产业，建设大学城，宝山区则形成精品钢及其延伸业基地、世界级的造船基地、上海国际航运中心的重要组成部分。上海流动空间建设正在以国际集装箱枢纽港、亚太地区航空枢纽港、现代化信息港为目标，将利用地下空间作为城市可持续发展的重点。上海正在构成 600 km 的城市轨道交通网络，合理有序地开发利用地下空间资源。

第六，人才集聚力不断增强。上海对全球人才、创业者和投资人的吸引力正在不断增强。随着上海城市生活的舒适便捷性提高，城市生活品位提高，以及国际社会的合作与交流的深度开展，如与世界银行、世贸组织、国际货币基金组织、欧盟、东盟等重量级机构联合举行有影响的国际会议等，努力形成传播中心、会展中心、国际文化交流中心，形成了开放灵活的柔性流动方式集聚人才，知识移民、创业移民、投资移民的"乐园"。中国的社会阶层结构正处于由"金字塔型"向"橄榄型"转变的过程中，保证合理和普遍接受的社会地位序列非常重要。随着上海所有制经济形式多样化以及产业结构的不断升级，参与金融、保险、房地产、旅游、咨询、广播电视等现代经济活动群体的增加将催生更多的中产阶层。人才结构的变化，为上海提供了持续的创新驱动力。

2. 发展机遇分析

未来 30 年上海建成全球城市的发展机遇条件包括以下五个方面。

第一，新兴国家崛起形成有利国际环境。全球城市格局是长期形成并处于不断发展与演变之中的。全球城市的发展与所在国家或地区经济高速发展密切相关，同时也与其在世界经济发展中的地位不断提高有着内在的联系。每次新技术革命到来和世界经济进入新一轮高速增长期，必然会在世界经济增长最快的地区迅速出现一大批颇具实力的城市，并连绵成城市群。巨大的经济能量所产生的积累和辐射作用，使得城市群中规模最大，实力最强的中心城市发展成为具有国际影响力的世界城市。第一次科技革命使得伦敦成为人类历史上第一座世界城市，第二次科技革命造就了巴黎、布鲁塞尔等一批世界城市，第三次科技革命则造就了纽约、洛杉矶等一批世界城市。而第二次世界大战以后，在以信息技术为代表的新技术革命推动下，东亚地区经济高速增长，世界经济重心开始向亚太地区转移，东亚城市的地位不断上升，东京、香港、新加坡、汉城等相继进入世界城市行列。目前，全球化的浪潮愈演愈烈，正向广度和深度推进，全球范围内的大城市将被重新挑选排队，它们将在形成中的世界城市体系中确定自己的位置，在全球化背景下，城市的极化作用将加剧。对上海而言，这无疑是建设全球城市的重大契机，促进上海在更大范围、更广领域和更高层次上参与国际经济技术合作和竞争，以全国和长江三角洲城市群为依托的上海，无疑是最具竞争力的全球城市。

第二，资本大国崛起形成有利开放环境。当前，世界经济正处于第四次长周期的上升阶段。一方面，由20世纪90年代信息技术发展所引发的IT产业的发展已由尝新阶段进入成本竞争与产业扩散阶段，亚太地区成为IT产业扩散集中区，因此，提高国际竞争力已成为亚太地区各国和各城市接受产业转移，并不断创新，从而用信息技术拉动经济增长的关键；另一方面，在新技术和跨国公司推动下，世界经济正加速向知识密集型经济转型，城市的竞争优势已不单纯取决于效率，更取决于创新。这就促使上海通过提升国际竞争力来全面增强城市的创新能力。此外，受科技革命发展规律和经济发展的内在冲动的影响，全球正在酝酿以生物技术、纳米技术、航天航空技术和能源技术为核心的新一轮技术革命，这为上海实施经济发展方式转型，加快产业结构调整和推动技术进步，全面提升城市国际竞争力提供了重大历史机遇。

第三，全球公司崛起形成有利市场环境。随着经济全球化与本地化的并行发展，大城市日益成为全球经济网络竞争中的重要节点，直接参与全球分工和国际竞争。国与国之间的竞争将更多地表现为重要节点城市间的竞争，城市竞争地位因此变得越来越重要。目前，世界经济中心东移态势日益明显，提升城市的国际竞争力成为抢占国际枢纽型城市地位的关键。随着全球经济一体化发展，世界经济中心东移态势日益明显，而经济重心东移又必然带动世界经济格局，城市分工和功能的调整，必将形成若干枢纽型节点城市。上海是环太平洋经济圈的桥头堡，上海能否在这种调整过程中抢占先机，完善国际大都市的功能和争夺枢纽城市的地位，关键取决于上海的国际竞争力。同时，经济全球化还要求节点城市增强在全球市场上寻找、配置、管理和利用资源与信息的能力，形成具备竞争力的价值链。上海只有通过提升国际竞争力，才能真正有效地利用两种资源和两种市场，真正成为全球城市。从另一方面看，亚太区域一体化进程加快也对上海这个未来全球城市的国际竞争力提出了更新、更高的要求。

第四，国内需求崛起形成有利发展环境。上海具有明显的区域腹地优势。通过增强在区域腹地的辐射和服务能力，进而扩散到更广阔的区域，是全球城市增强控制和决策能力遵循的基本路径。同时，区域腹地整体实力的提升也有利于吸引更多信息、资金、人才、物资等流量经济的集聚，大城市单一、孤立地发展即使可以异军突起也不可持续，而上海正是依托国内综合实力最强的长三角为腹地，抓住国家"一带一路"发展战略中上海的重要地位，逐步增强对全国乃至全球的辐射和服务功能。

第五，长三角崛起形成有利的城市圈环境。上海是中国长江三角洲城市群的龙头。当前，长江三角洲一体化这在快速推进。长江三角洲在区域形态、市场、产业、交通设施、信息、制度和生态上取得更高的一体化水平，为上海集聚国际资源，加快产业升级，建设产业集群创造了更多机遇。以上海为中心的长江三角洲都市圈在国际高端产业转移和重要服务功能上形成国际激烈竞争，长江三角洲都市圈在国际区域经济中的地位，关键在于首位城市的国际竞争力，这就有力促进了上海加强服务功能，提升城市集聚辐射能力，在国际竞争力上领先一步，成为具备配置和整合全球资源能力的龙头城市。

4.4 上海全球城市主要功能及特征

4.4.1 上海建设全球城市要聚焦联通性和枢纽性

课题组认为，联通性和枢纽性是在信息化、网络化和全球化背景下，全球城市的主要功能。全球城市的联通性特征，是指全球城市对全球资源拥有很强的集聚和扩散效应，全球资源在城市获得良好流通，全球资源的社会效用得到最大限度发挥。全球城市的枢纽性特征，是指全球城市对全球资源拥有很强的配置功效，集聚全球资源配置机构。

上海建设全球城市，要在全球人才集聚、资源集散、信息交互、文化交流领域呈现极强的联通性和枢纽型功能。着力打造城市联通性功能，使上海成为全球经济科技文化资源的集聚地和扩散源。着力打造城市枢纽型功能，为全球经济科技文化资源的集聚、交流和交互提供良好的基础平台、制度环境和社会生态。

4.4.2 上海建设全球城市的要聚焦提升"四个力"

课题组认为：未来 30 年上海要建成的全球城市，应当在极强的联通性和枢纽性功能基础上，发挥体现"四个力"：即形成"全球资源集聚力、全球创新辐射力、全球战略领导力和全球发展影响力"。未来 30 年，上海要依据城市的资源禀赋、历史背景、区位优势，聚焦在经济、科技和文化三个重点领域，发挥"四个力"。

1. 发挥全球经济科技文化资源集聚力

资源集聚力是全球城市最大限度地吸纳和配置全球资源的能力。在经济全球化深度发展背景下，资源要素沿着高效率的轨道向能产生高效益的地区流动，已经成为一条普遍规律。因此，未来 30 年，上海要发挥外联内通的功能，一方面要吸引全球资源配置机构入驻上海，要成为世界经济资源流的交汇点和结合点，全球跨国公司的集聚地，全球金融机构的集聚地，世界经济决策、指挥和资源配置中心。另一方面，要把国家和所在区域，如长三角地区的经济科技文化资源引入世界经济、科技和文化体系，要把世界经济科技文化资源引入中国和所在长三角区域，在服务化、集约化和网络化的基础上，更大范围地参与世界经济科技文化发展过程，更深入地融入国际产业分工及全球城市体系，不断提升城市集聚资源的能级。

全球城市的资源集聚功能是通过创新活力驱动的，"哪里创新创业活跃，人才、技术、资本就从全球流向哪里"。因此，上海要走创新国际化道路，最大程度地吸纳和利用国际科技资源，把开放优势转化为创新优势，实现创新引领、高端跨越。

2. 发挥全球经济科技文化创新辐射力

创新辐射力是指全球城市在经济科技文化领域的创新成果在全球范围内扩散，形成辐射效应。上海要发挥全球城市创新辐射力的独特功能，就要从促进创新要素互相链接的着力点出发，尤其是要促进"人脉链接"，强化制度创新。人脉是最重要的创新要素，只有真正吸引到了创新人才，才能形成创新热度。因此，上海要发挥全球高端产业和现代科技创新创业人才、高新技术产业和科技创新成果及转化的集聚地、辐射源作用。上海需要具备支撑高端产业引领和科技创新驱动的文化氛围；完备的支撑高端产业引领和科技创新驱动的体制机制；完备的支撑高端产业引领和科技创新驱动的服务体系；完备的支撑高端产业引领和科技创新驱动的资源配置体系；完备的支撑高端产业引领和科技创新驱动的信息交互平台。

3. 发挥全球经济科技文化战略领导力

战略领导力是在全球城市网络体系中为其他城市创造所需要的战略改变的能力。具体体现在：提出愿景、使命、战略和政策；提升生存动力、文化和形象；为关键的利益相关者创造价值。

上海要在不断增强的综合实力、加快转型产业结构、不断完善的枢纽型网络设施、不断扩大的全球影响力的基础上，形成"多合、多轴、多层"的空间发展结构和持续的创新驱动力，进而在全球范围内的发挥很强的经济科技文化战略领导力。这种战略领导力体现在：上海要在若干经济科学技术领域处于全球领先水平；云集一批世界级科学家和工程师；在若干科学技术领域持续地产生改变人类生活方式和思想观念的重大科技创新成果。

4. 发挥全球经济科技文化发展影响力

发展影响力是全球城市在世界政治经济科技文化发展中体现出来的话语权和感召力，并对全球发展趋势产生重要影响。具有全球发展影响力的城市，应当在政治经济科技文化领域拥有独特的优势，才能在全球城市网络体系发挥影响力，影响全球发展走势。

上海应当在若干经济科学技术文化领域具有全球独特优势，例如，控制一批全球高端产业，并处于全球产业链和价值链的高端，掌握一批高端产业核心技术，拥有一批全球高端产品的品牌。在全球范围内的具有很强的技术研发和新产品开发能力，应当拥有一批高新技术产业的国际跨国公司总部和技术研发总部。

4.5 上海全球城市发展范式和演化路径

上海要"建成极富人文魅力、极具创新活力的全球城市。在全球人才集聚、资源集散、信息交互、文化交流领域呈现极强的联通性和枢纽型功能。"这一愿景目标，不仅要借鉴纽约、伦敦、东京和巴黎四大全球城市的发展战略，更要依据自身的特质，探索上海的发展范式和演化路径。

从世界主要的全球城市的发展范式和演化路径视角看，每一个全球城市的发展范式都带有所在国家和区域的特点，每一个全球城市发展的演化路径都打上了所处时代的烙印。上海在推进全球城市战略的过程中，必须选择具有创新意义的差异化路径，体现前瞻的谋划和战略层面的引导，实现城市功能能级在全球地位的跃升。

4.5.1 发展范式

上海在向全球城市迈进的国际环境正呈现出与传统全球城市形成时明显不同的时代特征，上海发展成为全球城市的背景、动因、目标和路径都将呈现不同特征，并将深深打上中国模式的烙印。因此，要从国际化和本体化有机统一的视角出发，构筑上海全球城市发展范式。

上海要深刻把握上海建设全球城市的历史条件、城市文脉、资源禀赋及区位特征，在发挥区位优势和本土特色的基础上，抓住全球经济中心东移的趋势，把握全球经济格局的新变化，整合长三角城市群和长江经济带资源，以独特的城市形态和优势，带动区域城市群主动融入全球经济体系，在全球城市网络体系中展示独特的城市人文魅力。

每一座全球城市都将依托各自独特的优势，在全球网络系统中，发挥资源集聚力、创新辐射力和文化影响力。规划上海建设全球城市的愿景目标，需要深入研究上海在全球范围内，将在哪些领域，以何种方式，发挥资源集聚力、创新辐射力、战略领导力、发展影响力。

未来30年，在信息化、网络化支撑的深度全球化背景下，在全球城市网络系统中，上海要"建成极富人文魅力、极具创新活力的全球城市。在全球人才集聚、资源集散、信息交互、文化交流领域呈现极强的联通性和枢纽型功能。需要形成以下三个独特优势：

第一，上海要在经济领域，形成全球独特优势。上海要在全球经济一体化发展，世界经济中心东移态势日益明显的背景下，抓住世界经济格局、城市分工和功能的调整机遇，建成全球枢纽型节点城市，成为全球产业、金融集聚地，世界经济资源流的交汇点和结合点。上海要在全球高端资源和财富管理中处于支配地位。上海要建成为全球财富管理提供优质服务的管理体系，财富管理机构、人才、资产高度聚集，财富管理行业统领金融业的各个领域，引领高端服务业的发展方向，并在全球的经济、金融体系中占据重要或者支柱性地位。

第二，在科技领域形成独特优势。未来30年，上海要紧紧抓住建设"具有全球影响力的科技创新中心"的战略目标，努力打造成为全球科技创新人才集聚的城市、科技创新成果集聚的城市、高新技术产业集聚的城市、科技成果转化和交易城市、科技发展信息汇聚的城市，并且引领全球科技发展潮流。

第三，在文化领域形成独特优势。上海要以独特的海派文化享誉全球，提升城市文化魅力指数，提升城市文化的品位，增强城市文化的能量。正如人们通过街头乐团认识维也纳，通过保持完好英伦范儿的老城区认识伦敦，上海要通过石库门让世界认识上海，要从历史、文化、景点、民俗、企业、品牌、建筑、美食等各个方面塑造城市个性和城市气质；城市魅力，最终还需在街巷孕育。同时，上海要拥有发达的创意产业和繁荣的文化消费市场。

此外，上海建设全球城市，需要建设全球一流的信息处理基础设施和极具影响力的信息交互平台。在全球经济、政治、科技、社会、文化等各类信息交互过程中，成为全球信息交互的重要网络节点，为"人才汇集、资源集散、信息交互、文化交流"的枢纽型城市奠定基础。

4.5.2 演化路径

改革开放30年为上海构建全球城市打下了良好基础。但应该看到，经济全球化的发展趋势与世界经济格局的演变，在一定程度上将影响上海全球城市建设步伐。上海仍是一个发展中的国际化大都市，在经济结构、科技创新、城市治理等方面还存在许多问题。因此，上海要实现建设全球城市的愿景目标，构筑最富人文魅力、最具创新活力的全球城市，要体现"全球资源集聚力、全球创新辐射力、全球战略领导力和全球发展影响力"，要确立四个着力点：转变发展方式、增强创新能力、深化改革开放、完善治理体系。

首先，转变发展方式。转变发展方式是要提高发展质量。上海要更加注重提高经济增长质量和效益，更加注重推动经济发展方式转变和经济结构调整，更加注重推进改革开放和自主创新、增强经济增长活力和动力，更加注重改善民生、保持社会和谐稳定，更加注重统筹国内国际两个大局，努力实现经济健康持续发展。

其次，增强创新能力。增强创新能力是要激发创新活力。上海要聚焦创新主体，突破体制机制瓶颈。要确立企业作为自主创新的主体地位，使企业真正成为技术创新的投资主体、研发主体和技术应用主体。研发能力和水平是提升企业核心竞争力的重要基石，是企业持续发展的源泉，要真正建立有效的企业牵头实施重大科技项目的机制。培育科技型中小企业，在科技政策、投融资体系和财税政策上给予更大的支持，形成良好的城市创新生态链。

再次，深化改革开放。深化改革开放要增强发展动力。上海要以构建全球城市为主线，思考上海在新形势下深化改革开放的总体思路、目标与突破口，以及相关的对策措施和政策建议。要更加注重改革的系统性、整体性、协同性。紧紧围绕使市场在资源配置中起决定性作用，深化经济体制改革，加快完善现代市场体系、宏观调控体系、开放型经济体系，推动经济更有效率、更加公平、更可持续地发展。

经济体制改革是全面深化改革的重点，核心问题是处理好政府和市场的关系，使市场在资源配置中起决定性作用和更好地发挥政府作用。市场决定资源配置是市场经济的一般规律，健全社会主义市场经济体制必须遵循这条规律，着力解决市场体系不完善、政府干预过多和监管不到位问题。必须大幅度减少政府对资源的直接配置，推动资源配置依据市场规则、市场价格、市场竞争实现效益最大化和效率最优化。政府的职责和作用主要是保持宏观经济稳定，加强和优化公共服务，保障公平竞争，加强市场监管，维护市场秩序，推动可持续发展，促进共同富裕，弥补市场失灵，为全球资源在上海集聚提供良好的市场环境。

最后，完善治理体系。完善治理体系是要优化城市生态。党的十八届三中全会提出了推进国家治理体系与治理能力现代化建设的目标，这也必然成为上海推进全球城市建设，全面深化改革最基本的路径选择。为此，第一，要通过进一步完善和发展制度，提升制度体系的认同度和整合力，推进城市治理体系与治理能力现代化。第二，要通过实现制度的法治化、规范化、程序化，充分保障其权威性与执行力，推进城市治理体系与治理能力现代化。法治化是城市治理现代化的核心，必须坚持依法治市、依法执政、依法行政共同推进，坚持法治城市、法治政府、法治社会一体建设。第三，通过优化制度体系的内部结构、提升制度结构的科学性与运行效能，推进城市治理体系与国家治理能力现代化。只有充分发挥制度的整体作用，保障制度的整体性、系统性、协调性，建构科学合理的制度体系，使其紧密衔接，才能彰显其规范行为、整合利益和协调关系的作用，确保制度的各组成部分和构成要素围绕既定目标协调运行。第五，通过适应时代变化与实践发展不断创新体制机制，推进城市治理体系和国家治理能力的现代化。上海城市治理体系与治理能力现代化是一个与时俱进的过程。在建设全球城市征程中，诸多问题只有通过全面深化改革才能予以解决。面临新的形势与任务，更需要充分挖掘、汇聚改革的动力，最大限度地减少发展阻力。

4.6 上海建设全球城市的障碍风险及应对策略

4.6.1 风险预判

改革开放 30 多年为上海构建全球城市打下了良好基础。但应该看到，经济全球化的发展趋势与世界经济格局的演变，在一定程度上将影响上海全球城市建设步伐。上海仍是一个发展中的国际化大都市，在经济结构、科技创新、城市治理等方面还存在许多问题。课题组在深入分析上海建设全球城市所面临的内外约束条件基础上，提出上海未来 30 年全球城市建设将面临以下障碍风险：

首先，资源环境对上海发展的约束。如土地、能源、生态制约等。上海唯有不断扩大对内对外的开放度，才能缓解全球城市建设进程中的资源环境约束的压力。

其次，空间结构和转型缓慢的约束。合理的城市空间结构，是全球城市发展的重要支撑。全球城市空间结构呈现从单核心转向多中心演化的趋向。然而，目前上海基本上还是维持了以中心城区为核心的单中心发展格局。

再次，人才资源和人口结构不合理约束。创新能力是全球城市崛起的灵魂，加快建设创新型城市是上海城市发展的内在要求。市民普遍创新意识不强，高水平创新人才严重短缺，人口数量和区域分布不平衡诱发一系列社会问题。

最后，全球经济发展放缓所带来的约束。未来 10 年世界经济增长处于下降期，经济全球化也将处于相对低潮期。世界经济为中国提供的市场机遇增长将会放缓。世界经济发展对我们通过技术创新和技术改造提升产业能级和产业效率提出了更高要求。摆脱经济发展制约因素，关键是增强城市的创新活力，然而，上海企业自主创新能力较弱，激励创新的体制机制尚不完善，城市创新生态尚未形成，这些都成为了 30 年上海建设全球城市的重要瓶颈。

4.6.2 应对策略

应对未来 30 年上海建设全球城市风险的应对策略，上海应当建设全球城市的动力机制，即内部转型驱动、外部开放带动机制。上海应对风险包括五大战略措施，即创新驱动战略、开放引领战略、服务主导战略、区域互动战略、人才聚集战略。构建全球城市需要重新塑造一个城市的发展模式，建立完整的战略支撑体系。

1. 创新驱动战略

创新驱动战略着力打造创新生态环境。上海要紧紧抓住上海建设"具有全球影响力的科技创新中心"的契机。上海虽然拥有比较丰富的科技创新资源，但上海的创新资源拥有量与纽约、伦敦、东京等城市相比差距甚大。在创新资源的配置力方面，纽约和伦敦全面领先。上海与领先的纽约、伦敦相比存在着巨大的差距。按 100 分制折算，上海的得分为 39 分，而纽约和伦敦的得分高达 100 分和 97 分。在创新成果配置力方面，上海与纽约、伦敦、东京相比差距非常明显。上海在创新配置潜力方面的排名仅为排名榜首的纽约的 41%。上海在创新成果配置力方面的差距，主要是由于上海在专利授权量、高校研发绩效等方面在这五大国际城市的排名中靠后。普华永道发布的《机遇之都 2012》显示，上海在知识产权保护度、数字经济竞争力、人力资本等方面均与领先的纽约、伦敦等城市相比存在巨大差距。由此可见，上海相对薄弱的创新资源配置力将是建设全球城市亟待突破的重要瓶颈之一。

未来 30 年，上海要营造全球一流创新环境，构建"官—产—学—研"一体的科技创新体系，创新过程是多种因素聚合在一起促成的"化学反应"，因此，必须各方给力，无缝对接，形成一个完整的体系，才能催生成果。

围绕创新驱动发展进行要素配置，更加注重技术、人才、信息等要素的利用。发展开放的创新创业生态系统，形成以知识创造、流通和应用为基础的创新型经济。推动大众创业、万众创新，形成新的巨大动力，打造中国经济的新引擎。大力支持核心基础技术研发，支撑智能制造产业发展，更加重视对信息、数据的利用。广泛汲取全球科技界、产业界和投资界的建议，研究世界科技进步方向和产业变革趋势，跟踪国家创新发展顶层设计和重大科技布局考虑，分析上海基础条件，凝练出一批重大科技创新战略项目。

上海要形成吸引科技人才聚集和鼓励创新的人文环境。激发社会每个细胞和主体的创新活力，形成鼓励创新、尊重创新、宽容失败的城市文化，营造包含知识产权的社会氛围，优化遵循科技创新规律的政府管理体制机制，打造优良的科技创新整体环境。

2. 人才聚集战略

人才聚集战略，要着力汇集全球顶尖人才。拥有充沛的人才、资金等资源，是科技创新的必要条件。纽约、伦敦、巴黎和东京都是国际大都会，既是世界金融之都，又聚集了各类高端人才。上海要实施创新人才的国际化战略，立足打造一支结构层次合理、规模数量宏大、创新活力充沛的各类创新人才队伍。尤其要吸引海内外创新创业人才，集聚全球一流科研团队和科技领军人才。上海要提高引进便捷度，搭建人才事业平台，对接国际人才制度，深化教育体制改革，为人才最大化地发挥作用创造条件。建设世界级大科学设施集群，创建具有国际影响力的创新型大学，汇聚全球顶尖研究机构和科学大师，探索发起大科学计划，大幅提升科技原创能力。

3. 开放引领战略

开放引领战略，要着力扩大内外集聚辐射。上海要加强自主创新示范区和自贸试验区联动发展，建设全球人才高地，坚持发展总部经济，建设国际创新合作平台。现代服务业对于城市网络资源的集聚具有很强的促进作用，而城市网络资源的集聚，有利于全球资源配置能力的提升。利用自贸区平台，探索全面开放的现代服务业。上海应借自贸区的"东风"，在自贸区域内，向国内外全方位地开放现代服务业。

上海要进一步扩大开放度，成为全世界的人流和物流和资金流集散地。上海要大力引进国际研发机构、创新服务组织根据。《世界城市文化报告 2012》的数据显示，在国际学生数量方面，上海在 5 个城市中人数最少，总数大约为纽约的 43%；在国际游客占城市人口比重方面，上海为 36.3%，伦敦则高达 194.5%；在非本国出生人口占城市人口比例方面，上海约为 0.9%，纽约为 36.8%。从后面两项指标来看，与顶尖的世界城市相比，上海还有很长的路要走。

4. 区域互动战略

区域互动战略，要着力推动城市群的深度融合。上海要加速推进与长三角城市群的联动发展，形成良好的区域互动战略格局。从东京的发展经验看，20 世纪 60 年代，东京都提出了建设副都心，引导城市由单中心结构向多中心结构转移的构想和规划。经过近 30 年的建设，目前东京已形成了包括 7 个副都心和 5 个核都市的城市结构，并且充分发挥了交通枢纽对于商务及人流的聚集效应。未来 30 年，上海要通过现代化的交通设施将长三角城市群连为一体，必将产生巨大的城市聚集效应。

围绕创新功能形成和创新活动需求，更多在空间的融合布局上做文章，调整预留发展空间，在若干重点区域打造特色功能区和发展载体。在科技革命和产业调整中找到结合点，发展移动互联网、生命健康等高新技术产业，更加关注生态、产业、城市空间的深度融合，实现城市板块和产业能级的整体提升。

5. 服务主导战略

服务主导战略，要着力打造全球服务平台。纽约、伦敦、巴黎和东京都是国际大都会，既是世界金融之都，也具有成熟的商业环境，这些都是创新的天然优势，必不可少。从全球资源配置能力的理论与实践来看，若作为一个单纯意义上的经济中心城市，其获得可持续发展的能力、参与全球资源配置的能力是受到制约的。而在此过程中，国际影响力与全球资源配置能力有直接的正相关关系。我们所做的全球资源配置能力测定，完全证明了这一点。上海的城市国际影响力中主要的问题是软实力，软实力薄弱限制了上海的全球资源配置能力。我们要充分认识到软实力是整合城市力量和资源，突破城市政治、经济和社会发展瓶颈的关键力量，是城市硬实力发展的倍增器，是推动城市可持续发展、提升城市全球资源配置能力的关键点。

近年来，上海一直致力于建成"全国行政效率最高、行政透明度最高、行政收费最少"的行政区之一，但是与纽约、伦敦等全球城市相比，上海的差距仍然非常明显。在《全球城市竞争力报告2011—2012》中，上海在公共制度力（包括经商便利度、自由度指数、政府公共治理指数等）上排名全球266位，在我们测评的5个国际大都市中排名最后。为了更好地发挥政府作用，上海需要在以下几个方面进行重点突破：首先，建设国际化、法制化营商环境。对于建设全球资源的配置能力来说，符合国际规范的、与世界贸易组织规则一致的、让企业能够更便利经营的法制化环境是非常重要的。其次，建设高效、便捷、透明的服务型政府。

世界银行《2012年营商环境报告：在一个更加透明化的世界里经营》指出，如果开办企业所需的时间减少10天，就会使投资率增长0.3个百分点、GDP的增长率增加0.36%。因此，上海需要着重强化以下几个方面的工作：深化行政审批制度改革，核减审批项目、简化审批程序、减少审批环节、公开收费标准、严守审批时限，提高审批效率。同时，以企业登记制度改革试点为重点，加快市场准入体系建设。按照"非禁即许"的原则，凡公民或法人能够自主决定、市场竞争机制能够有效调节、行业组织或中介机构能够自律管理的事项，政府都应退出；凡可以采用事后监管和间接管理方式的事项，都不设前置审批。借助智慧城市建设，进一步推进政府信息公开，推进公共资金、公共权力、公共资源、公共服务的高度透明；同时加快建立、健全政府履职的监督体系，使政府在社会监督下有效运行。

推动"智慧城市"为核心的上海城市基础设施建设。物联网、通信技术、大数据、云计算技术是产业互联网发展的基础，"互联网+"制造、物流、融资，形成三大城市网络体系。

5 上海建设全球城市的愿景目标、功能特征、发展范式、发展路径和障碍风险

福卡经济预测研究所课题组 [*]

5.1 导言

我们认为，在认真研究上海建设全球城市这一重大命题之前，至少需要厘清以下几个问题（认识论）：

- 上海在历史上最接近"全球城市"是什么时候，彼时的内外部环境如何？彼时的上海有哪些独特的功能特征？

- 当前，上海离"全球城市"到底有多远？上海已经具备了"全球城市"的哪些特征？在建设全球城市的征程上，上海存在哪些障碍和瓶颈？这些障碍与瓶颈，哪些是上海自己可以主导克服或突破的？

- 未来30年，全球城市将如何演变？具备中国因子的"全球城市"如何改变全球城市版图？上海在未来30年全球城市塑造中如何传承经典、开创未来？进而应该成为什么样的"全球城市"？

- 当下城市发展规律出现了哪些新变化？上海建设全球城市，如何从这些规律出发，采取何种发展范式和路径？

在此基础上，结合方法论的路径，对上海建设全球城市所蕴藏的内涵与外延进行审慎、科学研究，无疑符合学术研究的所谓范式。作为方法论，我们设想如果将"全球城市图景下的上海"比作一个"黑箱"，我们可以从以下六个维度（三对关系）去探索未来的上海，如图1.1所示。

---

[*] 课题负责人：王德培；课题组成员：杨小明、张艺、李菡。

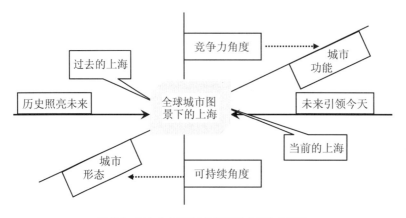

图 5.1 探究"全球城市图景下的上海"之黑箱

研究 30 年后的城市图景和影像，一般有两种思维方式，一种是回溯历史，让历史照亮未来，即从历史的演进脉络中寻找"惊人的相似"，梳理可能的"规律"，并以此作为推演的蓝本，将具体城市置于其中，加以"回放"、"还原"和"演绎"；另一种是展望未来，让未来引领今天，即从未来的诸多变化场景中寻找"不变的东西"，预判可能的大概率趋势，并以此作为推演的视角，将具体城市置于其中，加以"想象""嵌入"和"重构"。研究未来 30 年的上海，同样离不开这两种思维方式的交叉运用。

从历史角度看，上海自公元 1267 年（南宋咸淳三年）设镇（定名为上海镇），公元 1553 年（明朝嘉靖三十二年）筑城以来，至 1842 年鸦片战争后上海开埠，进而发展成为 20 世纪上半叶东方首屈一指的国际都市，在鼎盛时期号称"东方巴黎""十里洋场""冒险家的乐园"，与纽约、巴黎、伦敦齐名，是东西文化交融的桥头堡，在国际著名城市图谱中占据重要一席。可以认为，在 20 世纪上半叶的鼎盛时期，上海实际上已经具备了当时意义上的"全球城市"特征。彼时的上海，开放包容、文艺繁荣、商业繁华、人才汇集、格调优雅，国际化程度空前发达，与当时的全球城市先天具有共通性，呈现出全球城市的外源主导发展特征。

从未来角度看，上海作为中国最大的经济中心城市，将随着中国作为世界第一大经济体的确立和市场经济的全面到位，重新跻身"全球城市"的第一梯队，突出表现在城市竞争力和可持续发展能力显著提高，城市软实力与硬实力相得益彰、协同发展，城市生活、生产和生态"三生融合"，以上海为中心的大都市圈在全球经济版图中占据举足轻重的地位，城市充满人文气息①，与时俱进的人类现代文明和历久弥新的中国文明在此交相辉映，成为一座集中体现中国梦的典范城市，如图5.2所示。毫无疑问，在21世纪中叶，上海将重归"全球城市"的行列，并成为其中的顶尖全球城市（全球领袖城市）之一。彼时的上海，一方面很好地诠释了"全球特征、中国特色、后发模式"在上海全球城市建设过程中的作用机理，推动全球城市创新发展，为"全球城市"的理论探索和实践更新做出积极贡献；另一方面，上海将作为中国模式和价值观输出的核心枢纽，将对其他后发展区域（包括现在的新兴经济体）的城市发展以及"全球城市"打造提供有益的引领借鉴。当然，从现在起的今后30年，上海打造全球城市，将主要依靠内生与外源并重的驱动模式。

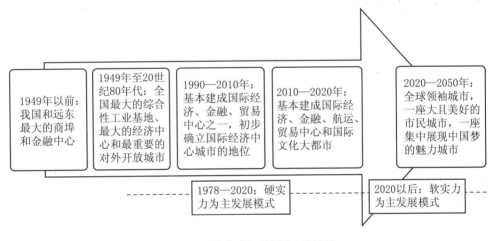

图 5.2　上海的"全球城市"演进之路

在30年的时间跨度中，"认识正确比预测准确可能更重要"。从这个角度，我们分析城市形态②和城市功能就非常有必要，城市功能是城市存在的本质特征，城市功能的多元化是城市发展的基础，是城市形态的集中反映；城市形态是城市存

---

① 无论未来的上海是什么样的城市，她应该是伟大而平易近人的城市，是心向往之而能至的城市，是全体市民可以梦想成真的城市。

② 此处"城市形态"是基于我们提出的"大形态"概念，包括通常意义上的"结构与形态"。我们在下面的研究中提出的"城市形态"具体包括"城市空间形态、城市社会形态、城市经济形态、城市文化形态"。

在的表象特征，是城市与人、城市与自然（空间）、人与人之间相互关系的集中反映。城市形态为城市功能提供支撑，城市功能反过来影响城市形态的变化。从城市形态看，城市空间形态的变化基本是恒定的，城市的空间特征如江湖河海、山丘，属于硬性的资源和要素，不会在这么短的时间内轻易改变；城市的文化形态即人文

表5.1　城市功能与城市形态演变关系

		1782—1845 年	1845—1892 年	1892—1948 年	1948—2008 年	2009 年—
城市功能		生产、居住、交通、游憩功能	生产、服务功能	生产、服务、集散和管理功能	生产、服务、管理和创新功能	集成创新、融合分享和平台枢纽功能
城市形态	空间	人口向城市集中，城市围绕旧城扩大，城市化率6%左右	人口向大城市集中，大城市郊区化开始，城市化率13%左右	产业向郊区转移，城市分散化开始，城市化率25%左右	城市中心区呈现衰退，城市化率45%左右	世界顶级全球城市往往是大腹地经济特征，城市化率85%左右
	社会	18世纪末到19世纪早期，蒸汽机的出现开启了工业革命阶段，资本剥削扩大，城市贫民窟开始出现	1848年法国大革命为导火索引发欧洲革命，终结了封建专制制度，铁路和交通运输、冶金技术进步迅猛	第二次世界大战后，美国成为世界第一强国，世界形成两大意识形态阵营，电力和内燃机使用扩大	战后复兴进程开启，亚洲的日本飞速发展并在世界经济格局中获得重要地位，电子技术迅猛发展，美国黑人平权实现	2008年全球金融危机加速开启世界多极化进程，西方资本主义治理模式出现危机，中国复兴造福全人类，互联网技术与思维无所不在
	经济	农业部门占主体，制造业比重上升，服务业比重偏低	制造业比重上升，服务业部门增加，农业比重下降	制造业主要地位凸显，服务业比重加大，农业比重减少	服务业为主体，制造业少于30%，农业少于5%	产业跨界融合，体验型经济高度发达，制造业少于10%
城市形态	文化	进入浪漫主义时期，推崇感情重于理性，主张重回自然返璞归真，追求自由平等，培养自我，解放个性	延续浪漫主义时期的特征，主张自由、平等、博爱，追求民主，强调公民权利	以民主为追求的共和文化大行其道，期间遭遇纳粹文化，崇尚暴力和强权，煽动种族主义和军国主义	美国大众文化兴起，民权意识凸显，文化宽容性增加，多民族、多种族文化和谐共处	以"中国发展模式"为特征的文化输出引领新兴经济体和落后国家，并极大可能重塑发达国家没落的全球城市
世界经济增长中心（全球城市出现或形成）		伦敦到利物浦城市群初步成型（伦敦）	欧洲大陆中心城市群（大巴黎地区、莱茵—鲁尔地区）（巴黎）	纽约至波士顿地区形成大片城市群（纽约）	东京、名古屋至大阪城市群（东京）	中国长三角城市群（上海）

资料来源：课题组根据有关城市规划有关资料进行整理、加工。

特征和文化遗存，如冒险意识、契约精神、信用品质、海派文明等，属于软性的资源和要素，也不会在这么短的时间内发生颠覆性的变化，而城市经济形态和社会形态往往随着时间的推移会发生一些变化；从城市功能看，随着经济形态和社会形态的演变，加之新技术应用的广度和深度提升，城市的产业格局会发生较大变化，同时，在政府、市场和社会三者之间关系的动态调整中，城市的治理模式会发生一些变化，城市功能亦将随之发生改变。因此，研究未来30年的上海，如何从城市功能与城市形态的角度进行推演，也是一个值得探索的问题。我们认为，未来的上海城市功能将主要是集成创新、文化融合与平台枢纽功能，在空间形态上将形成以上海为核心的长三角大都市圈结构，在社会形态上将形成以市民社会为主的城市治理模式，在经济形态上主要是以体验经济和跨界融合为特征的现代服务业占据支配地位，在文化形态上是成为东西方文化交互融合、历史文明与当代文明交互融合的高地，并成为中国价值观对外输出的重要枢纽之一。有关内容如表5.1所示。

从竞争力看，未来上海的竞争力不仅仅体现在对全球资源的配置能力等硬实力上，而要更多体现在软实力上，后者指与上海发展特点相适应，与上海城市精神相吻合，与中国梦指向相一致，全面体现上海非物质资源与要素的实力和影响力的总和，包括人文环境（文化感召力）、公共治理与服务（政府执政力）、城市品质与形象（吸引力）以及国际交往能力等等。从可持续发展看，未来上海不仅仅要保持一定的经济发展速度和质量，还要保持生态环境健康可持续，同时极大提升和保持社会的公平正义。

5.2 2050年的"新常态"及其对上海的影响

5.2.1 中国稳居第一大经济体

未来30年，在世界发展情景展望方面，唯一可以坚定预判的结论之一就是中国经济总量将超越美国，成为世界第一大经济体。到2050年，中国将建成富强民主文明和谐的社会主义现代化国家，并稳居世界强国方阵。伴随着经济实力的显著提升，中国步入后工业化社会，城市化率将稳步提高，预计到2050年城市化率将达到85%（每年提高约1个百分点）；中国全面实现市场化，资源配置能力极大优化，社会总体交易成本趋于最优，社会公平普遍化、均等化；人民币成为国际主要货币之一，在贸易结算、跨国投资与融资、国际交易、国家储备货币等方面发挥着仅次于美元（或超越美元）的重要作用，中国成为世界上最大的投资输出国；与此同时，在传统三大城市群之外，中国涌现出新的世界级城市群，更多的中国城市将进入全球城市阵营。

上海 2020 年基本建成国际金融中心，将初步实现人民币创新、交易、定价和清算中心的功能；届时，再经过 30 年的发展，上海将成为中国全球城市阵营的"领头羊"，并成为以人民币为主导的世界资本流动中心和全球财富管理中心。

5.2.2 能源供求出现重大变革

未来 30 年，对人类生产生活产生重大影响的一个领域就是能源格局可能出现重大变革，一方面体现在随着能源开采技术与利用方式的重大突破，新型能源逐渐替代化石能源，再生能源逐渐替代非再生能源，页岩气、核能、太阳能、海洋能、生物能等当前既有替代能源的开采转化更加成熟稳定、使用更加广泛普及，同时更多的太空能源、宇宙能源、深层地热等新型能源被发掘利用，能源的使用和选择更趋多元化，另一方面，新能源汽车在全球范围的广泛使用以及节能储能技术的深入应用，供需变化双向叠加，导致石油、煤炭、天然气等一次能源的效用逐渐式微，中国煤多油少缺气的能源格局不再成为制约经济发展和影响市民生活需求满足的重大障碍，世界上因能源抢夺和纷争而导致战争的现象将减少，相反，各国之间将建立合作开发新型能源的机制。

作为一个缺乏传统能源的城市，上海有史以来就是能源输入目的地和能源消费重镇，能源充分供给是上海城市生命线和承载力的一个重要指标。但是，到 2050 年，多元化能源的选择替代和节能技术的广泛使用可能使得上海对传统能源的紧密依赖程度降低，这不仅有助于上海的产业发展和市民生活水平提升，也有助于上海的生态保育和环境保护。

5.2.3 文明互通互融大于冲突

未来 30 年，不论是全球化深化发展还是逆全球化因时而动，全球经贸合作中，多边关系作为规定动作，诸边关系作为自选动作的基本格局大体不会发生颠覆性改变，各个经济体之间依然保持着开放中有限制、竞争中有合作的态势，和平、发展、合作、共赢依然是21世纪中叶人类社会发展的主导潮流。但是，鉴于历史和意识形态的原因，文明的冲突可能会在局部区域显现或加剧，这会导致相应的地缘关系或将趋于复杂。中国发轫于2014年的"一带一路"战略，将极大促进亚欧板块的联动发展，并通过经济纽带，促进华夏文明、伊斯兰文明、印度文明和欧洲文明等人类的主要文明之间求同存异、和谐共处，从而推动人类社会的和平发展。

作为21世纪海上丝绸之路的重要起点之一，亦是另一条面向国内的经济带——长江经济支撑带的起点，上海拥有独特的地缘优势。预判到21世纪50年代，在各有关国家的共同努力下，尽管间有波折，"一带一路"战略终将开花结果，彼时上海将成为西向"两带"和南向"一路"江海联动、陆（亚欧大陆）洋（太平洋）互动的重要节点，进而上海将成为中华文明及其价值观输出的重要枢纽，成为中国梦与世界梦互相交融的交汇处。

5.2.4 科技创新颠覆人类生活

未来30年，科技创新不仅仅催生新业态和新模式，促进产业发展和生活进步，而且，以科技创新为支点，将极大地带动其他领域的全面创新。比如，当下互联网思维的普及和深入，不仅导致微观企业的组织变革和商业模式创新，而且促进了政府治理模式的优化和转型。再如，高速铁路技术的广泛应用，改变了城市之间的距离，使得人与人之间的交流、组织与组织之间的交往、人与城市之间的互动更趋紧密，促进了城市分工体系的完善。可以预判，随着生物技术、纳米技术、互联网技术、数字技术、跨界思维、O2O思维等新技术与新思维的广泛推广和深度应用，互联网经济、智能制造、生物经济、生命经济以及体验经济等五大经济领域将成为21世纪中叶的主导产业，轻量化、平台型、"务联网"（服务联网）将是21世纪中叶的主要产业业态。当然，客观而言，如果人类对所有的科技创新不能够——驾驭的话，科技创新也可能是一场灾难。

当前，上海正在大力推进具有全球影响力的科技创新中心建设，在传统的语境中，抓科技创新就是抓成果转化、抓产业发展。但是，放到2050年的视角来看，届时具有全球影响力的科技创新中心应该已经建成，彼时的科技创新不仅仅局限于科技单一领域的创新，而更要以科技创新来引领和带动其他领域的全面创新，包括社会创新、政府创新、企业创新创富、市民创新创业等，从而推动上海打造活力之城、机会之都，并占据高端产业和拥有新型业态模式。

5.2.5 气候生态环境或趋恶化

未来30年，气候环境恶化可能是人类面临的严峻挑战。气候不仅改变历史，气候亦可塑造未来。尽管人类日益认识到自身活动对气候环境的能动性，并且也采取了有节制的各类生产生活措施来试图缓和对气候环境的影响，加强修复自然生态，但是，气候环境发生重大变化依然是不以人的意志为转移的大概率事件。显然，气候环境恶化的直接后果可能是全球变暖（当然，变冷的可能性不是没有），南北极冰川融化，海平面上升，也有可能导致生物基因变异，出现各种奇怪的病毒，还有可能导致全球范围内的农作物减产或绝收，其间接后果就是人类生存会受到严重影响。

"沿海城市、人口密集城市、高楼林立、农产品输入大市、资源稀缺城市"，这些关键词是上海基本市情的选择性描述。而这些市情背后共同的潜在风险都在于——气候环境恶化。如果气候环境恶化，尤其是全球气候变暖的情况下，无论是海平面上升，流行病频发，还是热岛效应剧增，抑或是世界范围农作物减产或绝收，对上海都可能是一场灾难。

5.3 全球城市一般特征及其演变趋势

5.3.1 经典意义上的全球城市

"全球城市"是全球化和信息化背景下，以全球城市网络化为基础形成与发展起来的那些具有广泛的经济、政治、科技和文化交流联系，在全球经济协调与组织中扮演超越国家界限的关键角色的现代化国际大都市（周振华，2008）。全球城市（global city），又称世界级城市，指在社会、经济、文化或政治层面直接影响全球事务的城市。一直以来，全世界公认美国纽约（全球首位城市）、伦敦（世界金融之都）、东京（国际全能城市）是全球城市的经典代表。这些经典的全球城市，往往象征着自由市场经济的集大成者，是资本主义社会优越性的缩影。

5.3.2 非典型意义上的全球城市

然而，"全球城市"并不是一个静态的概念。一方面，全球城市和其他城市一样，因种种原因有可能没落甚至消亡，另一方面，随着经济全球化、政治多极化、社会信息化和文化多元化的相互交织与互相推动，以及世界范围新兴经济体的崛起，新兴的全球城市逐渐登上历史舞台。后者丰富了全球城市的内涵，开辟了全球城市探索和发展的新路径，即首先，全球城市不是发达资本主义的独有产物，全球城市也可以在不同价值观、不同市场体系、不同文化背景下自然生长；其次，基于后发模式，新兴全球城市可以在模仿与追赶的过程中，借鉴领先全球城市的有关经验，对城市长远健康持续发展进行一定的顶层设计，以规避某些陷阱；最后，新兴全球城市的发展模式更加丰富，往往依靠开放基础上的外源驱动模式与依靠制度供给基础上的内生驱动模式协同推进。

5.3.3 全球城市的一般特征

全球城市的一般特征包括以下五个方面：

一是全球经济体系的重要节点。其产业结构往往体现在两个70%的构成，即现代服务业在GDP中占比70%以上，生产性服务业在现代服务业中占比70%以上。

二是世界性流动枢纽。全球城市往往拥有发达的立体化交通基础设施和泛在的信息网络基础设施，是全世界人流、资金流、商流、物流、信息流集散的重要枢纽，拥有全球性资源配置能力。

三是软实力高度发达。全球城市是以知识产出为标志的非物质产品生产中心，是全球文化融合与输出的高地，是世界创新中心和规则创造中心。

四是国际事务协调中心。全球城市往往拥有一定数量的国际性组织或全球机构，每年举办一定数量的全球性会议，是国际交往交流的重镇。

五是发达大都市圈的首位城市。全球城市往往具有强大的腹地经济，顶级"全球城市"一般都来自六大城市群。

相应地，基于上述特征的覆盖度，全球城市也可分为专业性的全球城市或洲际性的全球城市。但是，上海未来建设全球城市，一定是要瞄准"顶级全球城市"的目标，致力于成为"全球领袖城市"。

5.3.4 未来全球城市的发展趋势

未来全球城市将越来越多，但"全球城市"群体结构亦会发生分化。作为最高层级的"全球领袖城市"，未来将呈现以下发展趋势：

一是成为能量（聚合）中心[①]。即去实体中心化（有形），聚能量中心化（无形）。在全方位互联网时代，全球领袖城市将去实体中心化，取而代之的是聚能量中心化，凝聚和凸显城市的"气场"，一方面集聚向内吸引的能量，突出"洼地"效应，另一方面集聚向外辐射的能量，强化"高地"功能。

二是成为创新源头。全球领袖城市应该拥有高等级的"流量经济"，占据"流"的高端环节，是人流、物流、资金流、信息流、商流和创新流（人才流、创新要素流）、思想流（知识流、规则流）等"七流合一"的集散枢纽，是人类文明融合创新的重要源头。

三是成为分享平台。全球领袖城市应该是全球贡献的重要承担者和提供者，不仅可以在经济发展、文化建设成果方面辐射带动周边区域乃至其他区域发展，且可以在城市治理、新型生活型态塑造等方面分享经验；当然，最高境界是输出国际化规则、策源全球性思想，成为人类新知识的发源地，这一点与创新源头是一脉相承的。

四是成为趋势城市。全球领袖城市在应对自然生态环境变化、人类生存需求进化、社会格局形态演变等方面具备较大的弹性、韧性与可塑性，无论是城市基

[①] 此处的"能量"指势能差，也可指洼地和高地之间的差。我们一般说，政策洼地、价格洼地，往往是指这个地方的政策优惠、价格便宜，又说制度高地、产业高地，往往是指这个地方的制度领先，产业发展水平和能级高。相应地，上海未来要打造"能量"中心，可能的路径包括，一是要努力降低商务成本，做低洼地；另一方面，要加强制度创新，比如自贸区经验的全面推广，抬高高地。

础设施与城市资源功能，还是城市治理与社会组织机制，都有较好的适应与应变能力，并在一定程度上集中反映了城市进化的趋势和人类社会发展的趋势。

5.4　上海全球城市愿景目标与功能特征

5.4.1　上海建设全球城市的可行性分析

上海拥有独特的区位优势和比较雄厚的硬实力，是上海建设全球城市的必要条件。从区位看，上海地处中国海岸线与长江的交汇处，属于北温带气候区域，境内有黄浦江和苏州河等内河，与纽约、伦敦、东京等城市具有相近的地理气候环境，城市宜居、宜业、宜学、宜游，且上海是长三角区域的首位城市和长江经济支撑带的龙头城市，腹地经济广阔。从硬实力看，改革开放以来尤其是浦东开发开放以来，上海的发展取得了举世瞩目的成就，2008 年人均 GDP（常住人口）首次突破 1 万美元，达到发达国家水平，上海的城市建设亦日新月异，城市面貌焕然一新；随着"四个中心"战略、自贸试验区的推进和科创中心建设加快，到 2020 年，上海将基本建成"四个中心"，现代化基础设施更趋完善，城市功能更加多元，上海的硬实力进一步提升。

但是，先天的区位优势和发达的经济实力并非是建设全球城市的充要条件，上海要建设全球城市，还必须深度发掘上海与生俱来的内生基因。综合来看，上海拥有以下多元基因，为打造全球城市提供了充分条件。

一是开放包容的文化基因。上海拥有开放的海派文化底蕴（上海城市精神的第一条就是"海纳百川"），较容易接受来自世界各地的知识和信息，一直以来引领风气之先，国际交往交流频繁，国际化程度较高。

二是改革突破的首创基因。上海是中国政治经济均衡的重要支点，很多重大改革都是在上海先行先试。上海承担了众多国家级战略，当前以及今后很长一段时期，上海依然是全国改革开放的排头兵和创新发展的先行者。

三是城市治理中的规则基因。尽管上海历史上更多以"强政府、小市场、弱社会"的城市治理面貌出现，但上海各级政府注重规则、规范和程序，其政府治理水平一直排在全国前列。

四是社会发展的民本基因。上海作为一个移民城市，外来人口与户籍人口大致相当，但上海并没有形成"金字塔型"的社会等级制度，本地居民与外籍居民和谐相处，融合形成市民社会，有利于上海与外部的交融交流。

五是区域合作的分享基因。上海一直立足于"全国的上海"，以"服务全国"为己任。多年来，上海大力响应国家部署，除了积极开展援藏、援疆、援滇等区域合作外，且积极、主动推进长三角区域合作，分享城市发展的经验与成果，加强资源联动、功能对接和要素输出，为上海大都市圈的持续发展奠定基础。

从城市发展史（纵向）来看，结合全球经济区域格局（横向）的演变特征，上海无疑还具有后发优势。毫无疑问，在一个全球处于中国世纪的大环境、大背景下，上海作为中国的顶级城市，一定也是全球城市，具备全球城市的天然基因。彼时的上海不仅具备全球领袖城市的必要条件，更具备充分条件。当然，上海也要有这种雄心壮志：上海不仅代表上海自身跻身世界领先全球城市行列，更代表中国，乃至代表150年来新兴经济体和后发国家的典型城市跻身全球城市行列。

5.4.2 上海建设全球城市的愿景目标

如果以2050年作为时间节点，彼时的上海应该已建成全球城市，但不是一般意义上的全球城市，而应该跻身全球城市的"第一方阵"。

从文件角度表述：2050年的上海问鼎"全球领袖 ① 城市"；

从城市自身进化角度表述：2050年的上海是"一座富有弹性的趋势城市"；

从市民心愿角度表述：2050年的上海是"一座有温度、具备亲和力和包容性的市民城市"；从国际角度表述：2050年的上海是"一座集中展现中国梦的魅力城市"。

根据前面的分析框架，以下对上述愿景目标做分解式阐释：

首先，从竞争力和可持续发展角度，我们认为，竞争角度主要体现为三个层

---

① "领袖"，新华字典释义，一是指衣服的领子和袖子，二是指起到表率的人，三是政党或组织、团体的最高负责人。此处可按二、三意理解。按二意，"全球领袖城市"即指"在全球具有表率的城市"，可以是多个；按三意，"全球领袖城市"即指"全球第一城市"，是唯一的。我们倾向于后者的理解，上海要有这个雄心，当然，上海也有这个实力，更有机会。

面，即经济实力、资源配置能力和国际交往能力——在这三个方面，作为全球领袖城市的上海，均居于全球领先位置；可持续发展角度也主要体现为三个层面，即经济发展、环境持续、社会公义——在这三个方面，上海作为全球领袖城市，不仅居于全球领先位置，且能确保三者之间有机平衡，如图 5.3 所示。

图 5.3　竞争和可持续角度的上海全球城市愿景目标解构

其次，从城市形态与功能角度，我们认为，基于全球领袖城市的上海，应该具备以下特征，如表 5.2 所示。

表 5.2　城市形态与功能角度的上海全球城市愿景目标解构

城市形态	内　容　解　构	城市功能
城市空间形态	产业空间与生活空间界限模糊，公共空间发达，立体和垂直空间利用技术更加成熟，节地模式普遍推广；城市圈扩大，首位城市去实体"中心"化，回归能量中心化；管道运输发达；海上空间利用大规模拓展	全球资源要素配置中心、国际交流交往重要节点、全球领先的创新中心、世界城市文明发展典范
城市社会形态	包容，富有活力和弹性的市民社会，邻里空间和谐；老年人友好型城市、老年人宜居城市；以人为本；企业组织形态发生变化，C-B、C-C 型商务交往模式越来越发达；社会自组织化程度空前提高，"大社会"基本形成	
城市经济形态	服务业与制造业跨界融合，实体经济与虚拟经济并驾齐驱，体验型、平台型经济发达；未来型产业（比如新能源产业）、对冲型产业发展迅猛（比如环保、气候类产业），空天、海洋、地球开发等相关产业快速发展	
城市文化形态	中西合璧，海派文化进一步传承创新，更趋多元；中国梦的集中展现地之一；思想创新发源地之一；涌现诸多可以媲美 20 世纪三四十年代的各领域大家；软实力与硬实力匹配发展	

最后，从历史照亮未来的角度看，作为全球领袖城市的上海，未来将更加国际化，国际交流交往更趋紧密和频繁，全球性人才汇聚，文艺创作与文化交流更

加开放自由，市场在资源配置中的决定性作用全面实现。

5.4.3 上海建设全球城市的功能特征

基于上述分析，我们认为，上海作为全球领袖城市的对应功能和相应特征主要体现在以下四个方面，如表5.3所示。

表5.3 上海作为"全球领袖城市"的功能特征

	全球资源要素 配置中心	国际交流交往 重要节点	全球领先的 创新中心	世界城市文明 发展典范
城市标签	能量（聚合）之城	分享之城	创新之城	趋势之城
特征分析	①金融、贸易和航运等功能占据全球流动性高端环节，成为全球人民币中心；②软实力发达，法治清明，文化多元且具有强大的生命力；③具备国际话语权，在很多行业的上海指数就是世界指数；④成为各类商业总部机构、世界组织的首选集聚地；⑤世界性人才荟萃，高净值人士居世界前列	①中国企业或个人"走出去"的首选地；②全方位开放格局形成，边境后规则与全球一体化；③城市治理经验、产业发展、科学技术、文化创造等全球领先，并积极向外输出；④国际社区发达，外国人占比达到15%以上；⑤世界顶级旅游目的地和商务目的地	①科技创新水平居于世界第一方阵；②"创新"成为城市的基因，创新是一种生活方式和工作方式，城市本身成为一个大的创客空间；③全球知识生产和传播中心，新思想发源地，涌现很多大家；④以科技创新为龙头，带动城市全面创新，城市实现"智化"；⑤企业大学日趋普及，专业高校越来越少	①城市硬件规划和建设注重可塑性，有较强的韧性；②城市治理、社会生活更加扁平化，交易成本更低，充满活力和弹性；③人们对新事物的接受广度大、响应速度快，新生活形态高度集中；④城市发展更趋多元，城市更新更趋有机化，城市自我调节程度更高

5.5 上海全球城市发展范式与路径

5.5.1 发展范式

后发城市建设全球城市，一种方式是主动融入全球化进程，大力借鉴先发城市的经验，并结合自身实际加以创新融合，是外源驱动为主的一种模式；另一种方式是卷入性融入全球化进程，同时基于自身实际，按部就班推动城市建设，是内生主导的一种模式。从上海的实际和先前的经验看，在浦东开发开放之前，上海卷入性融入全球化进程的因素更多，而在此之后，主动拥抱全球化和国际化的因素更多，并在"十二五"期末正式筹划建设全球城市，呈现出外源驱动与内生驱动相结合的模式。这种模式的好处在于，一方面可以避免不必要的弯路，另一方面可以将上海的特殊市情充分结合起来，为全球城市理论与实践发展提供发展中国家的经验，也为后发城市建设全球城市提供有益的样本。

从国际对标的角度出发，结合未来基本不变的两个要素（空间地貌、人文环境）来看，当前上海与顶级全球城市在这方面的差距主要体现在：一是因为产业能级不够，产业结构不合理，上海的产业用地效率远远低于发达的全球城市水平①，且对黄浦江和苏州河的利用开发缺乏系统规划；二是软实力与硬实力不匹配，文化发展滞后，城市品质和影响力远远低于发达的全球城市水平；三是作为区域龙头的上海，上海与周边城市群之间的良性互动体系尚未建构起来，在基础设施联通、产业分工协作、统一市场共建、功能有效对接等诸多方面仍存在需要完善的地方，在对全国的分享示范、辐射带动方面也缺少了以前的自主性、重大性、突破性的标杆领域（近年来，自贸区成为一个可能的领域，国企改革也可能成为一个领域）。

当前及未来一个时期，上海迫切需要全面实施"创新驱动发展，经济转型升级"，全面推进法制化、市场化和国际化，并率先融入长三角一体化进程，带动周边区域乃至全国发展。基于此，我们认为，上海建设全球城市，可以有三大战略思路：

其一，"创新驱动→创新引领→引领创新"。创新驱动，是将创新作为要素资源和手段工具，是认识论也是方法论，创新不仅包括观念创新、制度创新、科技创新、产业创新，也包括政府治理创新和服务创新；创新引领是创新驱动的升级版，实现了两个转换——将推力向引力转换，由被动向主动转换；而引领创新是创新驱动和创新引领的更高版本，是将输入导向转变为输出导向，是创新能量高度集聚演变的结果，既体现了能级更高的内涵，也体现了分享的意识。换言之，引领创新，即意味着国内外其城市（地区）、诸多发展领域的创新要以上海为蓝本、为标杆。

---

① 2003 年，上海的单位土地产出只有东京的 1/5，纽约的 1/3。近年数据不详，但据发达的全球城市依然有差距。

其二，"转型发展→均衡发展→特色发展"。转型发展，不仅是经济转型，还应包括空间转型、城市功能转型和政府转型，是全面转型，经济转型的方向是提质增效，要向高端化、绿色化、智能化发展，空间转型的方向是向集约化、生态化发展，城市功能转型的方向是向国际化、融合型、平台式发展，政府转型的方向是打造服务型、责任型、回应型政府；均衡发展比转型发展更进一步，有两个层面的含义，一是指不仅推动经济发展，还要推动生态和社会协调发展，推动软实力发展和人文发展；二是指推动城乡均衡发展，推动城市中心和郊区均衡发展，逐步消除梯度差异化，尤其是在公共服务均等化方面；特色发展，在"短板变长"的基础上，进一步做到"长板更长"，在科技、经济、文化等竞争导向比较明显的领域，逐步在国际层面凸显上海的竞争优势和发展特色。

其三，"区域崛起→融入国际→全球示范"。只有"水涨"才能"船高"，上海未来打造全球城市，要以率先融入并带动长三角一体化为重要支撑，大力促进长三角区域的整体崛起，借助产业合理分工、资源共享、功能对接、要素输出等手段，对周边腹地和其他城市的辐射、反哺，促进长三角区域一体发展，在分享中体现上海城市价值，提升上海城市功能。进一步，要立足国际化较好的基础，从"接轨国际"向"融入国际"转变，不仅仅是拿来为我所用，同时要将有关国际化的规则、惯例、理念与上海本地化属性相融合，尽快推行全域自贸区化，大力促进"边境后"投资贸易规则与国际主流规则基本一致，同时积极推动上海成为中国元素走向国际的关键门户和重要枢纽。最后，上海要结合后发模式和中国特色，在产业发展、社会平衡、生态保护、城市建设与治理等领域积极形成"为他人所用"的优秀成果，成为新兴经济体发展的有益借鉴，打造"上海模式"并成为全球示范。

5.5.2 发展路径

当前，上海已是长三角地区的龙头城市、国家中心城市和沿海首位城市，并正在向西太平洋顶级城市迈进[①]。有理由展望，在和平、发展、合作的国际大背

---

① 在西太平洋地区，上海的主要竞争对手是东京、新加坡和香港。

景下，随着中国经济的平稳健康发展和改革红利的进一步释放，上海的全球城市雏形将在下一个年代（21 世纪 20 至 30 年代）基本奠定，并再经过两个年代的建设，到 21 世纪中叶成为全球领袖城市，如图 5.4、图 5.5 所示。

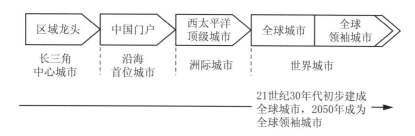

图 5.4　上海建设全球城市的层级路径

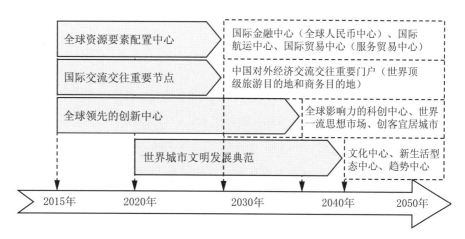

图 5.5　上海建设全球城市的功能路径

从全球资源要素配置中心功能看，2020 年上海将基本建成"四个中心"（三大功能中心），具备金融、货物（贸易）及金融与货物的衍生品等要素资源配置中心的雏形；再经过 10 年左右的努力，亦即到 2030 年，上海应该且可以实现三大功能中心升级版，初步确立以全球人民币中心为核心特征的国际金融中心，以服务贸易为主、辅以货物贸易的国际贸易中心，以中转集拼为主、兼顾服务本地（出入口岸）的国际航运中心。

从国际交流交往重要节点功能看，国内和上海一线竞争的当属北京，但北京更侧重于国际政治交往和文化交流，上海更侧重于经济往来和贸易往来，当然也包括文化交流。在中国元素尤其是中国资本走出去的过程中，上海更能发挥门户的角色。随着"一带一路"以及海上丝绸之路战略的推进，到2030年，上海当可以成为"中国对外经济交流交往的重要门户"，其重要表征之一就是"世界顶级旅游目的地和商务目的地"。

从全球领先的创新中心功能看，创新不仅仅是科技创新，且包括其他领域的多元创新。创新的关键在于创新生态的营造，其中的核心是"创新文化的培育与张扬"，而文化的培育与张扬不是短时间可以见效的，需要假以时日、固本培元、慢慢雕琢。随着上海"十三五"期间启动"打造具有全球影响力的科技创新中心"战略，经过10—15年，到2040年，应该能够成为具有全球影响力的科技创新中心。并且，与之相伴的是，上海以"海纳百川"的胸襟和"大气谦和"的做派，辅之以卓越的综合环境，能够吸引全球顶级精英包括思想大家、人文大家、社科专家学者到上海生活、居住，从而缔造世界一流的思想市场。彼时的上海，也势必成为创客宜居城市。

从世界城市文明发展典范功能看，在物质极大丰富，生产力高度发达的基础上，未来上海应该成为东西方文化交融的中心。经过30年左右，上海不仅成为文化中心（文化是文明的集中反映），同时成为新生活形态的体验中心，具备极强弹性的城市治理体系和城市发展框架，从而成为人类城市未来发展的趋势中心。彼时的上海，生产力和生产关系、上层建筑和经济基础之间高度适应。

5.6 上海建设全球城市的障碍风险

未来上海建设全球城市，一方面，要遵循城市发展的普遍规律，大力借鉴成熟的全球城市的成功经验和有益做法；另一方面，也要未雨绸缪，积极应对城市建设和发展过程中涌现的新挑战。在此过程中，上海既会面对逆城市化、大城市病、贫民窟、社会分化等城市发展特有的现象，也会面对新形势下的去中心化（产业空心化）、功能碎片化等城市发展过程中出现的新问题。这些现象和问题往往就衍生为上海建设全球城市的障碍和风险。

从长周期看障碍的角度，我们认为其间最大的障碍主要体现在三个方面：

一是软实力障碍。主要是软实力与硬实力不匹配，发展滞后，体现在城市发展速度有余，但品质不足，发展高度有余，但温度不足，市民享受不到城市快速发展的成果（无感增长），城市的凝聚力和感召力不够，此外，与国际惯例和规则的接轨滞后。

二是治理障碍。主要是政府有效的知识和能力匮乏，不能适应信息爆炸时代和互联网时代的城市治理，对城市发展和运行中出现的新问题应对乏力，对千禧一代之后的新生代青年的所思所想不能准确把握和有效回应，对政府雄心与市民心声之间的鸿沟缺乏有效举措；当然也不排除受中国传统政治思维和习惯的影响，政府在施政时往往有较强的"路径依赖"，循规蹈矩有余而开拓创新不足。

三是人性回归障碍。这亦是当下的中国特色。其主要表现是，自改革开放以来，人们的"三观"在衰败，城市成为冷漠的场所，文化传承出现断层，一些与社会主流价值观相悖的意识观念沉渣泛起，社会丑陋现象层出不穷、屡见不鲜，人性极大扭曲，社会发育不全，要想根本改观，非一时一日之功。

综上，从风险角度来看，我们认为未来的风险可能主要体现在以下几个方面：

5.6.1 科技创新风险

未来上海要着力打造具有全球影响力的科技创新中心，与之相随的就是科技创新风险。体现在两个方面：一是科技创新投入大、周期长、成功率低，试错成本高，考验创新主体和社会的承受力，对科技创新的体制机制和环境提出了更高的要求；二是科技创新具备"双刃剑"特征，有关科技创新成果一旦被不法分子掌握和利用（或者被"误用"），极可能对社会造成破坏，对他人利益造成损害。

因此，防范科技创新风险，一要正确处理政府和市场的关系，总体上强化政府引导、市场主导，探索建立政府对共性技术创新和其他公共创新的购买或补贴机制，同时要大力优化创新环境，营造包容失败、欣赏失败的社会氛围；二要加强创新成果的转化引导和应用监管，利用创新政策、产业政策和市场监管，引导和促进创新成果的良性转化与合法利用。

5.6.2 社会分化风险

社会分化风险主要体现在三个方面。一是人口结构变化，上海目前已经进入老龄化社会，人口红利衰减已成定势，社会抚养比在逐年加大，鉴于户籍政策、生育政策和超大型城市的承载力要求，新增人口有限，未来因人口结构问题而导致的各类社会风险在加大。二是贫富差距拉大，在郊区或城乡接合部出现新的"贫民窟"，局部区域脏、乱、差，区域内违法犯罪行为增加。三是本地居民与外来人口的冲突，在城市承载力日益脆弱以及失业加剧、交通拥堵、看病就学难等偶发因素的刺激下，均有可能导致本地居民与外来人口的冲突。

对于社会分化风险，应该基于顶层设计、统筹推进的理念逐步化解或防范。对于人口老龄化，应该尽快推动养老服务业发展，前瞻布局；对于人口红利衰减，应该积极落实"单独二孩"政策，提高人口自然增长率，同时分类施策，强化优化各类人才引进；对于贫富差距拉大，要进一步加强收入分配改革，强化社会保障体系，探索"被动屋"模式，推动富人与穷人混住；对于本地人口与外来人口的关系，一方面要加强社区建设，打造新型邻里空间，另一方面要加大力度，推动公共服务均等化。

5.6.3 文化断层风险

文化断层风险主要指期望的文化准则和价值观与现实的文化准则和价值观之间存在的差异所导致的风险，文化断层容易导致社会迷失、个人迷惘、城市迷路。导致文化断层风险的原因可能在于外族入侵和外力干涉，也有可能在于意识形态管控的不当和乏力，还有可能是人性的大范围长时间扭曲，更有可能在于教育体系的长久性失败。但是，正如前文所述，文化作为一种根深蒂固的地缘性社会现象，一般不会轻易出现断层。

对于文化断层风险，未来上海要发扬海纳百川的优良传统，立足江南文化和海派文化精致包容的特征，加强文化吐故纳新，营造草根文化、大众文化、精英文化和谐共处的环境，激发市民念想，促进上海的文脉常驻常新，持续保持城市文化的包容度和弹性，打造有人文、有温度、有追求的城市。更重要的是，我们认为，要积极营造良好的文化传承体系，包括宣传舆论的引导，以及教育体系的重建。

5.6.4 自然风险

鉴于目前的技术水平，自然风险可以预知，但可控性差。根据上海的情况来看，未来的自然风险主要在于地震、海平面上升、生态环境恶化等方面。尽管上海远离东面的环太平洋地震带，西边距陆上最近的地震带也有400多千米，但上海及其临近地区处于我国中强度地震活动波及影响范围内，周边地区发生的中强地震都会对上海或有一定影响，对人口密集、高楼林立、地下空间复杂的上海是一个潜在风险。海平面上升有可能是海洋地震、海洋风暴或全球气候变暖等因素的影响，前者具有偶发性，但后者可能要长期才能显现。在自然生态方面，最大的风险就是水资源恶化、空气污染加剧、气候紊乱等，这也是当前民众普遍关心的问题。

应对地震、海啸等自然风险，一方面要加强科技攻关，提高预知预见能力，拉长应对危机的响应时间；另一方面要强化城市应急保障能力，降低二次危害。应对生态环境风险，主要是切实推进生态文明建设，加强区域性联防联治，同时要统筹规划和提高城市承载力。

5.6.5 网络风险

网络风险有两方面，一是对虚拟网络主要是互联网的风险，如黑客大规模攻击、负面消息大规模传播，影响城市和社会的信息安全；一是实体网络主要是电网、道路交通网、轨道交通网、市政管网等风险，如大规模破坏活动、地震冲击等，影响城市运行安全。

防范网络风险，一方面，要利用技术手段和管理手段，加强网络安全管控，同时要积极创造条件，将上海建设成为西太平洋地区的第二张公共网的根中心；另一方面，要大力推动智慧城市建设，加强行业安全保障能力建设，创新行业管理，全方位实施对实体网络的监控和保护。

5.6.6 公共卫生风险

公共卫生风险主要表现为突发流行和传染病，以及垃圾等污染物处理方面。

在这方面，1988 年的甲型肝炎大流行让人记忆犹新。同时，由于上海是国际国内交往人流密集城市，一些新型病毒和传染源会从国外或其他地区输入，如 2003 年的非典、近期的埃博拉病毒、MERS（中东呼吸综合征）等，对上海均是潜在风险。在垃圾处理方面，随着人民生活水平的提高，餐厅、医院、房产建筑、电子产品更新换代等产生的各类垃圾与日俱增，对城市垃圾处理能力提出了严峻挑战。

应对公共卫生风险，除了要严格执行《突发公共卫生事件应急条例》，落实事后应对外，更要加强前期防范。卫生主管部门要与市场监管、市容环境、边境口岸等部门建立大联动机制，将有关公共卫生风险遏制在萌芽状态。在垃圾处理方面，要高度重视垃圾处理的重要性，科学规划垃圾处理专用场地，推广使用垃圾处理新技术，探索推动变废为宝、循环再生，积极打造静脉产业园。

5.6.7 未知风险

未知风险除了重大突发或偶发事件，如核电站泄漏、暴力恐怖事件、局部战争等常规未知风险外，还可能包括物种基因突变、外星人"入侵"、未知自然风险等。防范这些重大突发事件，一是要加强与有关地区或部门的紧密联动，做好情报共享，防患于未然；二是要加强危机处置能力建设，强化应急保障，针对受难群体全方位实施物质支援和精神抚慰，确保社会稳定；三是要依法加大对犯罪团伙的打击力度，深化网格化管理，加强对不稳定群体的教育引导，做好社会疏解工作。

面向未来 30 年的上海发展战略研究

卓越的全球城市——不确定未来中的战略与治理

上卷：战略环境　　中卷：战略愿景　　下卷：战略路径

肖　林　周国平　著

图书在版编目(CIP)数据

上海2050：战略愿景/上海市人民政府发展研究中心编.—上海：格致出版社：上海人民出版社，2016.12

（面向未来30年的上海发展战略研究）

ISBN 978-7-5432-2684-5

Ⅰ.①上… Ⅱ.①上… Ⅲ.①区域发展战略-研究-上海 Ⅳ.①F127.51

中国版本图书馆CIP数据核字(2016)第257701号

责任编辑　忻雁翔
装帧设计　人马艺术设计·储平

面向未来30年的上海发展战略研究

上海2050：战略愿景

上海市人民政府发展研究中心　编

出　版	世纪出版股份有限公司　格致出版社 世纪出版集团　上海人民出版社 (200001　上海福建中路193号　www.ewen.co)	印　刷	上海中华商务联合印刷有限公司
		开　本	787×1092　1/16
		印　张	13
	编辑部热线　021-63914988 市场部热线　021-63914081 www.hibooks.cn	插　页	3
		字　数	202,000
		版　次	2016年12月第1版
发　行	上海世纪出版股份有限公司发行中心	印　次	2016年12月第1次印刷

ISBN 978-7-5432-2684-5/F·974　　　　　　　　　　　　　　　　　　定价：68.00元